愛の黙示録

絶体絶命のあなたを滅びの淵から救う道

山下 慶子
Keiko Yamashita

文芸社

まえがき

この本は、今から二十六年前、あるキリスト教系の教会から激しい、実に恐ろしい弾圧を受け、出版から半年も経たぬうちに、すべての書店から、海外にまで行っていたあらゆるすべての書店から一斉に、一冊残らず撤去されてしまったという因縁いわくつきの本である。

実に何の変哲もない、二十六年後の今の私からすれば、これでもずいぶん読者に気をつかい、「人を傷つけるなかれ」を信条として生きてきた私にとっては、読者はどう思うかは知らないが、当時は人に対し、人間に対し、人類に対し、「愛」に満ち溢れていたことはたしかである。読者がどう思うかは知らないが。それが文章にも表れている、と自分では思っているが……。「一体どこが?」と読者は言うかもしれないが。

人類への愛に満ち溢れて私はこれを書いた。ところが二十六年後の今、愛のかけらもない書物を三冊世に送ったばかりのところである。最近出版に至った『預言の書』『神への便り』『神からの伝言』は、「あの愛はどこへ行った?」「愛はどうなった?」と自分でも思うほど、「愛」のかけらもない本である。二十六年の歳月で、私の人間への、人類への「愛」は消え失せた。

なぜ弾圧を受けたのか。

それはこの何の変哲もない本の中に、「イエス・キリストの日本再臨」が隠されていたからである。

普通の人は気づかないはずである。キタキツネや子象のハナ子のことや子猫物語の犬のプー助、猫のチャトラン、「社長」と名づけられた犬の話の中に、「イエス・キリストの日本再臨」が書かれていても、もし気づいたとしても気にも留めないはずである。

この隠されたわずか数行を見抜いた巨大組織、世界権力の座にあるものがこれを見つけ出し「イエス・キリストの再臨」を許さなかった。イエスともども私は二十六年間葬られてきた。

もはや「愛」などあろうはずがない。へたをすれば二千年前と同じようにイエスと共に十字架で殺される。今なら何だろう、暗殺と言うのかもしれない。

二十六年前、私を、「イエス・キリストの日本再臨」を伝えようとしたこの私を、奈落の底へとつき落とした連中と、私は今から戦わなければならない。

奈落の底から二十六年かかって今、私は這い上がってきた。

「槍（やり）」も鉄砲もピストルも持たない私は、「本」で戦う。もはや隠しも遠慮もしない、「愛」をかなぐり捨て、怒りの鬼、邪、悪魔と化した私の三冊の本を読むがよい。二十六年かかって這い上がってきた私の三冊の本をしっかりと読むがよい。そして怒り狂うがよい。

私の味方は、あなた方が「聖霊」と呼ぶそのお方、「霊なる神」である。

「霊なる神」と、今再臨した「イエス・キリスト」を味方に、今から最後の戦いが始まるだろう。
今、ハルマゲドンの時である。
今、最後の審判の時である。

[目次]

Ⅲ　文明の終焉

Ⅳ　第三次世界大戦を免れうるか

Ⅰ　人間の運命

冷めた愛

愛せよ、さもなくば――
不気味な足音が近づいてくる。
破滅の足音だ。
人類の、破滅の足音だ。
だんだんと、だんだんと足音は大きくなり、もう、すぐそばまで近づいている。
耳を澄ませば、すべての人に聞こえるはずだ。
静かに耳を澄ませば聞こえるはずだ、あの不気味な足音が。
あなたにも、あなたにも、たしかに聞こえているはずだ。
耳の遠い人でない限り――
よほど鈍感な人でない限り――

人々の愛は冷え切った。

愛の代わりに地球上を覆い尽くしたのは、暴力、残虐（ざんぎゃく）、憎悪、エゴ、人命軽視、無関心――
人間の愛は冷え切った。
人間の住む地球が冷えてしまったゆえ、
人の心は冷え、殺伐さが地球上をおおい、寒々しさだけが残った。
不安を打ち消すように人々はせかせかと動き回り、意味もなく笑いころげ、
不安を打ち消すように、人々は喧噪（けんそう）の中へ逃れてゆく。

もう私たちは後戻りすることのできないところまで来てしまった。

人間の目にはゆるやかに、しかし神の目にはものすごいスピードをもって、今、人類は破滅へと向かって突き進んでいる。人類がてんでに群をなし、一つの塊（かたまり）となって、自ら破滅へ、破滅へと突き進んでいる。


　キリストは私たち人間に向かって言った。

「互いに愛し合いなさい」

　ロサンゼルス生まれでイタリア人を両親に持つ、南カリフォルニア大学教授のレオ・バスカリア氏は次のように言う。

「尊厳も個性も奪わずにおたがいをむすびつけることができるのは愛だけである。人々や国々を支配しようと思わないのは愛だけ。イデオロギーや人種より人間性を大切にするのも愛だけ。飢えや絶望をのりこえるとめどないエネルギーを注ぐことができるのも、愛だけなのである。

（略）

『たがいに愛しあいなさい』これは、二千年以上も前の言葉だ。力のある戒律である。ところが私たちの多くは、もう長いことこの言葉をすっかり忘れているんじゃないか。口にすることはするのだが、それを実行に移す人がいるとは考えられない。いや、考えている人がいるとすれば、それは狂人か聖人といっていいかも。

（略）

今日では、『たがいに愛しあいなさい』という言葉にはもっとせっぱつまったおもむきがある。愛しあいなさい、さもなければ死にますよ。そういっている感じだ。

（略）

今、誰だって人類が歴史上重大な局面にさしかかっていることを認めないわけにはゆくまい」（『自分の人生、生きてますか』レオ・バスカリア著、草柳大蔵訳、三笠書房より）

これが、レオ・バスカリア教授の言葉である。

おびただしい人の愛が冷めた。

人間の尊厳は失われ、いじめ、暴力、殺人、不正がはびこる。

何一つ目新しいものはなくなった。殺人は日常事と化し、目を覆いたくなるほどの数の残忍と残虐が、大手を振ってまかり通る。

不義が世界中を取り巻いた。バスカリア教授は続ける。


「最近『乳幼児受傷症候群』（ふつう四歳以下の幼児で、事故などと称しているが実は親などが加えた傷害によるもの）と呼ばれる現象が目だって増えてきている。子供たちが想像を絶するひどい虐待を受けているのである。

ついこのあいだも、小さな女の子が両眼をえぐりとられるという事件がロサンゼルスであった。とても信じられないようなことばかりが起きている。

もうひとつ、最近急増している病的な現象で、私にはどうしても理解できないものがある。それは、年老いているひとを元気な者が殴ったり蹴ったりしているということだ。私たちの仲間が老人に暴行を加え、子供が年老いた自分の父や母を殴っているのである」（『〝自分らしさ〟を愛せますか』レオ・バスカリア著、草柳大蔵訳、三笠書房より）

キャンパスで、教授の教え子二人が殺された。パーティーで楽しいひとときを過ごした帰りにキャンパスを歩いていて、突如、銃で頭を撃たれ、二人の学生が死んだ。誰がなぜそんなことをしたのか、いまだにわからない、という。

誰よりも熱心に講義を聞いてくれていた一人の学生がいた。美しいお嬢さんで、いつも彼女は後ろから六番目くらいに座り、せっせとノートをとり、うなずきながら話を聞いてくれた。話し手と聞き手として、真実心が通い合っていると信じられる学生だった。

ある日彼女がぷっつりと姿を見せなくなった。いったい何があったのか、想像もつかないままにバスカリア教授は待ち続ける。しかし彼女はとうとう姿を見せなかった。

「思いあまって私は女子学生部長に尋ねてみた。すると、こんな答えが返ってきた」

と教授は打ち明ける。

「ご存じなかったのですか。あの学生は論文もずば抜けて優秀で、頭も非常によく、考えられないほど豊かな創造力の持ち主でした。それなのに……ある夜、パリセイド州立公園内の絶壁近くに車を止め、そこから下の岩場へと身投げしてしまったんです。

私は、あれ以来ずっと一人で考え続けています。学校で学生たちにいろいろなことを教えこんでいますけれど、私たちは、彼らが知識を詰めこむ機械なんかではなくて、人間なんだということを、いつのまにか忘れていたのではないでしょうか」

バスカリア教授の悲しみと憂いは深まった。以来教授は学生たちに向かって「愛」の大切さ、「愛し合う」ことがいかにすばらしいか、「かけがえのない人生」「生命（いのち）の貴さ」「生きることのダイナミズム」を全身全霊を込めて、懸命に説いた、次のような疑問を持ちながら……

「三十年の教師生活の中で、私は何度卒業式に列席したことだろう。（略）

だが、私の心に長年ひっかかり続けていることがある。それは、教育を受けた者とは、どういう教育を受けた者のことを指すのか、ということである。

複雑で変化の激しい社会に順応するための技術ばかりでなく、いかに他の人間とうまくかかわっていくかを教える課程をカリキュラムの中に組みいれる必要はないのだろうか。信仰や心の落ち着きといったようなことを教えなくていいのだろうか。

愛や人生を楽しむことについてはどうだろうか。勇気や、不安の克服といったことを教えなくていいのだろうか。

心のやすらぎを得る方法、愛し愛されるための教育をしなくていいのか。自信や自負心を持つこと、自分を律することについてはどうだろうか。未来に希望を持つことや、満足して老いていくことについてはどうだろうか。

卒業式が終わった後、私は誰もいないキャンパスで、たった今卒業していった若者たちのことを考えることがある。

彼らは、将来この国を背負って立つ人間になるという。しかし、教育者として私たちは正しいことをしただろうか。

彼らは、破滅の瀬戸際にある世界の中で、不安定な経済社会の中で、脅迫や疑惑だらけの不確実な社会の中で、うまくやっていけるのだろうか。もしその答えがノーであるなら、私たちは彼らに少しは役に立つ教育を施すべきだったのかも知れない。（略）

もし、生きていく手だてを知らず、人間としての尊厳や、自負心や、人生にたいする感謝や、愛し愛されることを知らず、人生という限られた時間を賢明に使うことをせず、自分たちの力で世界を改善していこうとしないなら、その人は半分しか教育を受けていないのと同じなのである」（前掲『自分の人生、生きてますか』より）

自分たちの力で世界を改善していく、その原動力は「愛」である。「愛をもって生きる」ことであり、「互いに愛し合う」ことである。どのようなすばらしい学問を修めようと、「愛」がないならば、その人は半分しか教育を受けていないのと同じなのであり、「愛」のない人間は、破滅の瀬戸際にある世界を救い、改善しようとする意志のない人である――バスカリア氏はこう言っているのだ。

「愛し合いなさい（さもなければ死にますよ）」

キリストのこの言葉が、私にも聞こえるような気がする。

自分さえよければ

昨日若い女性からこんな質問を受けた。

「何か自分のためになる勉強をしたいのですが、良い本をご存知ありませんでしょうか。ぜひ教えていただきたいのですが……」

よい本はたくさんあるだろう。ためになる本もいっぱいある。

そして、感動するかどうかは人それぞれであろう。しかし私はためらわず、草柳大蔵氏訳、レオ・バスカリア教授の著書『〝自分らしさ〟を愛せますか』と『自分の人生、生きてますか』を挙げた。

いま私たちに最も必要なものは〝愛とは何か〟を知ることであり、〝愛〟について学ぶことだと思ったからである。

最近アメリカでは、母親がオーブントースターにわが子を放り込んで焼き殺すという事件が社会を驚かせた。

どこへ消えていくのか、年間何万という数の子どもたちが行方不明となる国。スーパーに並んだミルクの箱に、名前や年齢、髪や目の色を書いたものがおびただしく並べられている奇妙な光景をテレビが映し出す国。

アメリカでは夫殺し、妻殺し、娘・息子殺し、親殺し、子どもの友人殺し、大人、子どもの自殺がもはや日常茶飯事だ。

どちらを向いても残虐と暴力と人間のエゴ、エゴ、エゴ。いまや世界中が、暴力と不義に取り巻かれてしまっている。それが最もひどい形で現れている国の一つが、日本だろう。

ごう慢と、神が最も嫌う自己満足がはびこる国。日本人は世界でも類をみないエゴイストになってしまった。最も多く愛を喪失した国が日本であり、日本人である。

たとえば、ニュース番組に登場した三十六歳の主婦とテレビレポーターの問答。

「どうして自分の家を持ちたいと思われたのですか」

「借りた家だとどうしてもきれいにして住もうとは思わない。よごしてもいいと思う。自分の家だと一所懸命きれいにするでしょう。よごさないように気をつけるし。それで自分の家を持ちましたの」

ご主人は通勤に片道三時間半もかかるため、別居しているのだそうである。それでも、

「住み心地がよく、大変満足しています」

とその主婦は言っていた。

「借りた家は汚くよごしても何とも思わない。自分のものは大切に、ていねいに扱う」は「人のものはどうでもいい、自分のものさえよければ」に通じ、「人のことはどうでもよい、自分さえよければ」という気持ちを生み出す。

杖をついたお年寄りが立ってヨロヨロとしているのに決して席を譲らない中学生や若い主婦、中年男女。

ひどい人がいた。シルバーシートに座り込んだまま、自分の目の前に危なげに立つお年寄りを平然と無視している。信じられない光景だ。よけいなお世話ではあったが「そこはシルバーシートでしょう。代わってあげたらどうですか」と声を掛けてみた。ムッとした顔をして、し

ぶしぶと彼は立ち上がった。

このような現象は日本だけだ。どこの国を探しても、このように図々しいエゴイストはいない。日本人だけだ。なぜだろう。

不幸にしてスモン病に冒され失明寸前だという、日本のある音楽評論家が次のように言っている。

「フランスに行き、白い杖を持って地下鉄に乗ったら、乗客がいっせいに立ち上がって席を譲ってくれた。日本では新宿の人ごみの中で、今までに八回突き飛ばされた。白い杖を蹴り飛ばされたこともこれまでに三回ある」

悲しい気持ちに襲われる。寒々しい気持ちにさせられる。愛の枯渇ゆえに滅びる国があるならば、さしずめその一番手は日本であろう。

〝愛〟のなさ、思いやる心のなさ、人の痛みを痛まないその心は、〝自分たちの力で世界を改善〟する意志の放棄である。〝自分たちの力で日本を改善する〟という意志の放棄でもある。

一人の人間の愛が、その人の周囲を明るくきれいなものとする。一人ひとりの人間の愛への目覚めが、町を、国を平和な安らぎのある美しいものへと変えていく。

世界中の人の愛への目覚めが、世界から戦争をなくし、分裂や対立をなくし、憎しみをなくし、世界を美しい平和なものへと変えていく。

いま私たちに必要なものは〝愛〟である。〝愛〟だけが唯一私たちを救う。私たちは互いに愛し合わねばならない。さもなければ……私たちは死ぬだろう。

私たちは〝愛〟をもって生きねばならない。さもなければ……死に絶えるだろう。

もはや誰一人、破滅に向かって突き進むこの膨大なエネルギーを押しとどめられる者はいない。破滅寸前の、破滅の瀬戸際に立った私たち人間に救いの手を差しのべられる者はいまい。もしあるとすれば、それは〝愛〟だけだ。

もはや引き返すことのできないところまで私たちは来てしまった。群をなし、世界中が魂を一つにして、恐ろしい勢いで、狂ったように破滅へと突き進んでいる。

〝愛〟の復活が間に合わないとするなら、私たちは日を経ずして滅び、死に絶えるだろう。〝愛をもって生きる〟ことに気づくのが遅すぎるなら、私たち人類はすべて死に絶え、地上は人間の死骸の山と化すだろう。

カンボジア難民を救済するため長い間現地で活動したアメリカ人の言葉であったと思う。

「愛の反対は無関心だ。自分が誰にとってもどうでもよい存在、愛されず、棄てられた存在と信じ切ったとき、人間の心は死ぬ。

心の死が、肉体の死を驚くほど早める。

が、誰かが自分を大事に思ってくれていると確信したときすべての人々、とくに子どもは、その瞬間から別人に変わる。

新しい人生が（いかに悲苦に満ちた険しい生といえども）その瞬間に始まるのだ。〝愛〟だけがその変化を生む」（大意）

助けてくれと叫ぼうが、外聞もなく神にすがろうが、もはや神が自らの手で私たちを救われることはない。泣き叫ぼうが、神を恨もうが、もはや私たちに救われる方法も道もない、〝愛〟のほかにには。

自分自身を救うものはただ〝愛〟だけだ。世界を救うものはただ〝愛〟だけである。

無神論者――〝無神論〟という名の無関心

自ら「私は無神論者です」などと胸を張って口にする人間は世界中の先進国でおそらく日本人くらいのものだろう。唯物論の確信的信奉者は別として、「私は無神論者です」と堂々と胸を張って言う図など、欧米先進国ではまったく想像できない。

しかも日本人の無神論は、単に神について無関心であるケースがほとんどだから、実のところ本物の「無神論者」にしてみれば、噴飯もののエセ無神論なのだ。生きていく上で、その根元的な問いを自らに下すことのない、まことにのんびりとした民族、金と権力以外に価値の尺度を持たない愚かな国民は、日本人以外にいない。

ところがこの国では知識人と呼ばれる人、あるいは指導者的立場にある人でさえ、堂々と公衆の面前で「私は無神論者でありますが――」と前置きして話し始める。

まるでそれが当然のごとく、日常語として「無神論」という言葉が、日本人の中に浸み込んでいる。自らを「無神論者」と呼ぶことが文化人としての証明であると思っているかのようである。

その精神は一般大衆にまで浸透しており、何の疑問も持たずに人々は、「私は無神論者なのだけど」と前置きして話し始める。なんと多くの友人たちから、また周囲の大ぜいの人々から、この言葉を聞かされてきたことか。

「神」という言葉を使うことをさえ、彼らは奇異の目で見る。日本の国では「神」を日常語とすることはタブーであり、「神」について語り合うなどということは、死について語り合うことと同様、日常の会話となりえないマイナーな話題であると言ってよい。

死について真剣に語り合わないと同様、日本人は「神」について語らない。語らないどころか、明確に拒否する。「神」という言葉を出しただけで、ほとんどの場合相手の表情は一変する。侮蔑の眼差しに変わる。このような変化も、日本だけでみられるきわめて特異な現象である。

他の国の人々にとって「神」は日常語であり、彼らの生活は「神」への祈りに始まり、「神」への感謝と共にあり、そしてまた「神」への祈りで終わる。一日が、そして長い歴史のすべてが、そうであった。

言っておくが、自らを「無神論者」と呼ぶことは、自らを「愚か者（知慧のない者、無知な者）」と呼ぶことと変わりがない。愚かさの極みは、自らを「無神論者」と呼ぶことだ。

ごう慢の極みは、自らを「無神論者」と呼ぶ者だ。「神」の最も嫌うごう慢は、「無神論」の精神が生み出す当然の帰結である。

無神論とは、見えざるものを信じないことである。見えるもの以外信じないということでもある。つまり、唯物主義である。物や金や地位や名声や学歴や、そういったもの以外に価値を認めない精神である。

人よりも少しでも多くの物を持ち、人より少しでも多くのお金を持ち、人よりわずかでも高い地位につき、よい学校を出る――それがすべてであるゆえ、それのみを得るため汲々とし、そのためには手段を選ばず、不正を働き、人の目さえ誤魔化せば何をやってもよい、と考える。

何しろ見られているもの――「神」がないのだから平気で悪事を働き、嘘をつき欲望のためなら殺人さえ犯す者が少なくない。

その結果、人が人を見下し、ごう慢と尊大がはびこり、また嫉妬、羨望、妬（ねた）みが渦巻いている。

実際、神を持たないものは、その代わりにあらゆる冷酷さを手にする。嫉妬、羨望。嘘（うそ）、欺（ぎ）瞞（まん）、裏切り、妬み、残虐、残忍。

人間のあらゆる悪は、無神論思想、唯物主義思想から生まれる。虚無、無感動、無関心は、唯物主義的思想、無神論主義的思想から生じる。

唯心主義者、つまり「神」の存在を知り、神を信じ、認め、常に神に見られていることを意識し、肌で感じ、見えないものを見、見えないものをこそ大切に生きているものにとって、悪を行うことは容易ではない。良心の抵抗に遭うからだ。

嫉妬や妬みや羨望や、嘘や欺瞞や残忍や、裏切りや残酷や、そのようなことは、良心の抵抗なしにはできない。善人が悪を行わないのは、単に悪を行わないのではなく、できないのである。

善は善の行動と善の考えしか持ちえない。反対に悪は、悪の行動と行為を好み、求める。善と悪とを分ける上で大切なものは、私たちの目には見えないものの中にある。無神論思想、唯物思想から人間にとってよりよいものの生まれることは何一つないのだ。

「神」のない者にとって、見えざるものを見ようとしない者にとって、彼が今いかに善人であるとしても、確たる価値基準のない悲しさ、いつ悪人へと変貌するかもしれない。「神のない者、信仰のない者を信用するな」という諺のある国が多い。まったく真実の言葉である。

とすれば、日本人は世界中で最も信用のできない、信用のおけない民族ではないのか。堂々と自らを「無神論者です」などという人間を、誰が信用するだろうか。胸を張って「私は無神論者だ」などという愚か者を誰が敬い、信用するだろうか。

いまや日本はごう慢人間と尊大人間の集団と化してしまった。日本が一番先に滅ぶ、と断言できるゆえんである。

空の鳥を見よ

法華経の中に「諸行無常」という言葉がある。

「諸行」――この世のすべての物事、出来事、現象――は、「無常」――常ではない、一定ではない。決して固定的なものではなく、常に移り変わり、変化していくものである、との達観を表す言葉だ。

それゆえに決して目の前の現象にとらわれてはならぬ、という諭しを導き出す。移り変わり、変化するものであることをしっかりと心して、苦しみ悩みある者は、移り変わる時を待ち、また頂上にある者は、心してしっかりと自戒せよ――そのような意味がある。

信仰のなさ、つまり信じ仰ぎみるもの、ゆるがずに確固として信じ仰ぎみるべき、人間の目には見えない「神」や「仏」のないところから、これらの現象は生まれる。

無神論思想や唯物主義がこれらの現象を生むのだ。

キリストは、こう言った。

「命のために何を食べようか、何を飲もうか、また体のために何を着ようかなどと心配するな。命は食べ物にまさり、体は衣服にまさるものである。

空の鳥を見よ。蒔きも、刈りも、倉に納めもせぬのに、天の父はそれを養われる。あなたたちは鳥よりもはるかに優れたものではないか。あなたたちがどんなに心配しても、寿命をただの一尺さえ長くはできぬ。

なぜ衣服のために心を煩(わずら)わすのか。野の百合がどうして育つかを見よ、苦労もせず紡ぎもせぬ。

私は言う、ソロモンの栄華のきわみにおいてさえ、この百合の一つほどの装いもなかった。今日は野にあり明日はかまどに投げ入れられる草をさえ、神はこのように装わせられる。ましてあなたたちに良くしてくださらぬわけがあろうか。

信仰うすい人々よ。何を食べ、何を飲み、何を着ようかと心配するな。それらはみな異邦人が切に望むことである。天の父は、あなたたちにそれらがみな必要なことを知っておられる。だから、まず〔神の〕国とその正義を求めよ。そうすれば、それらのものも加えて与えられる。

明日のために心配するな。明日は明日が自分で心配する。一日の苦労は一日で足りる」

「あなたたちがどんなに心配しても、寿命をただの一尺さえ長くはできぬ」——私たちの中に、自分の死ぬ日を知っている者がいようか。自分の命を縮めたり延ばしたり自由に操れる者がいるだろうか。

キリストはまた、こうも言った。

「私は友人であるあなたたちに言う。体を殺してもそれ以上何もできぬ人々を恐れるな。あなたたちの恐れねばならぬのは誰かを教えよう。

殺したのちゲヘンナに投げ入れる権威あるお方を恐れよ。私は言う。そうだ、そのお方を恐れよ、五羽の雀（すずめ）は二アサリオン（注・ローマの最低貨幣の一つ）で売られている。しかもその一羽さえ、神の御前（みまえ）に忘れられてはいない。それのみか、あなたたちの髪の毛さえみな数えられている。恐れることはない。あなたたちは数多くの雀よりも値打がある。

私は言う。人々の前で私の味方だと宣言する人を、人の子もまた神の天使たちの前で彼の味方だと宣言する。

人々の前で私を否む者は、神の天使たちの前で否まれるだろう。

人の子をそしる者はゆるされるが、聖霊を冒涜（ぼうとく）する者はゆるされぬ」

「五羽の雀は二アサリオンで売られている。しかもその一羽さえ、神の御前に忘れられてはいない。それのみか、あなたたちの髪の毛さえみな数えられている」

私たちの髪の毛一本一本さえ、すべて神に数えられている、というのだ。たとえ人の目は誤魔化せても、神の目を誤魔化すことはできない。

私たちのすべては神に見すかされている。人間の目は誤魔化せても、神の目は私たちの肚の底の底まで見通され、人間の善も悪も、すべては厳正な神の目の下にある。

髪の毛ひと筋、爪一個、スネ毛の一本さえ、人間に作れるものではない。自らを「無神論者」と呼ぶ者ほど愚かしいものはない、と痛感させられる指摘だ。恐れなければならないものはすべての創造主である「神」である。

ゲーテは言った。

「『わたしは神を信じる』というのは、美しい、実に立派な言葉だ。神を認識し、神がどこに、どのように啓示されるかを知るのが、地上の人間の最も清らかなよろこびである」

だからこそ、「わたしは神を信じる」と言いつつ悪を為すこと、これ以上の大きな罪もまたない。

浄化作用——個人の〈苦〉、社会の〈苦〉

人間のあらゆる苦しみはすべて、浄化作用である。病気も争いも、地上に起こる人間のありとあらゆる苦しみは、浄化作用である。個人の人間の苦しみ、社会の苦しみ、国のあるいは世界の苦しみ、それら一切は浄化作用である。

死に至る病の蔓延（まんえん）、伝染病、個人の不幸、災難、事故、ありとあらゆる人間の苦しみは、清められるための、美しくなるための、肉体のあるいは魂の浄化作用である。人間の、あるいは地上の曇りを取り除く作用なのだ。

曇りのあるところ、必ず浄化作用が発生する。それが真理であり、宇宙の鉄則であり、人間の苦というものでもある。

個人個人により、国々により〈苦〉の内容は違うが、どれほどの違いがあろうと、それは曇りを消す作用であり、消そうとする作用であり、美しく生まれ変わろうとする、新しく生まれ変わろうとする作用であることに違いはない。

溜まりに溜まった曇りが、人間の苦となって現れる。個人の苦、社会や国々の苦、人類の苦となって現れる。

あらゆる人間の悪——嫉妬、羨望、妬み、怒り、嘘、欺瞞、裏切り、無慈悲、暴力、残虐——が、個人の魂を曇らせ、社会を曇らせ、国や世界を曇らせ、私たちの上に苦となっておおいかぶさってくるのである。

それらの悪はものすごい力となり、かたまりとなり、〈苦〉という名の恐るべき曇りの堆積となって私たちの頭上に降りかかってくる。

曇りは、人間個人を滅ぼし、社会を、国を滅ぼし、世界を人類を滅し去ることがある。一人ひとりの人間の悪、曇りの堆積したもの、それが戦争である。戦争は、世界的、人類的規模へと達した〈苦〉なのである。

その意味で戦争は、人類が美しくなろう、清くなろうとする、新しく生まれ変わるための浄化作用である。誤解しないでいただきたい。地球が平和な、美しい自然と愛に満ちた新しいものへと生まれ変わるための浄化作用になりうる、と言いたいのである。

神が今このような世界を愛されるわけがない。神が今このような人間を愛されるはずがないのだ。というのも、これほどごう慢な人間が生きた時代はない。これほど人間が分裂し対立し、憎悪し合った時代はない。これほど愛が冷め、真理や真実から遠く離れ、乱れ切った人間の住んだ時代はかつてない。

浄化は苦をもって償（つぐな）われる。美しい世界を再生するために、私たちは苦を受けねばならない。新しい地球を生み出すために、私たちは苦難に耐えねばならない。

愛ある世界となるために、愛ある人の棲家（すみか）とするために、私たちのうちおそらくほとんどの者が死に絶えねばならない。それが神の意志であるのだから。神の創られた神の国には、それにふさわしい者しか住むことは許されないのだ。〝愛〟のない人間や〝無神論者〟など、決して住むことはできないのだから。

愛を持った人の住まいとするために、神に愛された人だけが住むところとなるために、私たちはほとんどが死に絶えるだろう。

愛に満ちた世界、美しい世界、分裂や対立や憎しみのない平和な世界、曇りのない澄み切った地上天国。神の望まれているものはそのような世界である。

神の愛される人間とは〝愛〟を持った者である。神に愛された者だけが生き残る。神に厳選された者のみが生き残るのである。

もうすぐそのような時が来る。

もうすぐ、そう遠くない日に――。

滅ぶ者、数知れず

　新興宗教、といっても千差万別だろうが、中には傾聴に値する託宣もある。たとえば、いま私の手許にある、ある教祖（岡田茂吉）の大著には、こうある。

「――このままにして地上天国が来るとすれば、人類はまことに幸福であるが、新しき理想世界が建設されるというについては、その前に旧世界の清算がなくてはならない。ちょうど新しき家を建てんとするには古き家を破壊し、土地を清浄化されなくてはならない。勿論古き家にも役立つものは相当あろうから、それは残さるるであろう。

　その取捨選択を神がなしたもうことは勿論である。

　ゆえに人間は残されるもの、即ち新世界に役立つ者とならなければならない。それによっておおいなる切り替え時を易く越えらるる事でいわゆる神の試験にパスするのである」

「――従って、余りに汚くどうにもならないものは地上から永遠に抹殺されるほかはないから恐ろしいのである。というわけで、将来役立つものは勿論残されると共に、役立たないものは処理されてしまうのは致し方ないのである。それは口で言えばはなはだ簡単だが、これが人間にとっての脅威は、前古未曽有の大異変であるから、とうてい筆や言葉では表せないのである。

　つまり、根本は善と悪との立て分けであって、善人は無罪となり、悪人は有罪者となるわけで、決定的審判が行われるのである。従って現在地上にある人間ことごとくは、裁き(さば)の前の動物に等しき運命に置かれているのだから大問題である。しかも悲しいかな、許される者はごく少数で、救われない者の方が大多数である事で、その割合は数字では表せないが、だいたい右と思えば差しつかえないのである。

勿論日本人も同様であるから、助かりたい人はこの際至急頭の切り替えをする事である。このことは昔から各聖者が神の代弁者としてハッキリ予言されている通りで、いわばその時が来たのである」（大意）

「前古未曽有の激しい破壊と創造がくり広げられ、滅(ほろ)ぶ者数知れず――」とこの教祖は、私たちの受ける苦難について述べている。

自分たちの力で〝愛〟をもって世界を改善する意志がない限り、私たちはすべて死に絶えるだろう。一人ひとりが〝愛〟をもって家庭を、社会を、国家を、世界を改善する意志がないなら、私たちは滅び、死に絶えるだろう。互いに尊重し合い、愛し合う心がないならば国は国と対立し、分裂し、憎み合い、再び戦争を起こすだろう。

私たちが滅ぼうが、滅ぶ道を選ぼうが、神はどちらでもかまわないのである。選択は人間の自由である。私たち人間の自由である。それが神の愛なのだ。愛してやまない私たち人間への神の愛というものである。

神は私たち人間に対して、決して過保護ではない。私たちは自分たちの行動のすべての責任を担わなければならない。一人ひとりの人間が、自らの行動においてすべての責任をとらねばならないのだ。それは大人として、人間として当然のことである。

神を恨もうが、助けてくれと泣き叫ぼうが、神が私たちを助けられることはない。神が私たち人間を救い出されることはない。自分を救うものは自分だけである。

自分を救うものはただ〝愛〟だけである。

今、私たちに向けられる神の目は厳しい。私たちが想像する以上に、いま、神の目は厳しいのだ。

前世の罪、先祖の犯した罪、オギャーと生まれて今日までに自分の犯した罪――今世は、三世にわたる罪の浄化の時といわれる。

どれほどに激しい浄化が必要か。どれほどの厳しい苦難を私たちが味わわねばならないか、想像を絶するものがある。

百年、二百年の浄化ではない。二千年の長きにわたる人間の罪の浄化の時が、求められるのである。二千年の長きにわたり、耐え続けられた神の、その怒りの鉄槌が下される時が来るのだ。

「神を認識し、神がどこに、どのように啓示されるかを知るのが、地上の人間の最も清らかなよろこびである」

とゲーテは言った。しかし、

「神を認識し、神がどこに、どのように啓示されるかを知るのが、地上の人間の最も恐ろしい、恐怖である」

実はそう言うべきであった、とあえて言おう。

輪廻について——もう一つの戦争観

いつも私が興味をもって眺めていることがある。それは「宗教戦争」と呼ばれる紛争や、国と国とのいがみ合い、憎しみ合いである。

人間とはおもしろいことをするものだ、と言ったら不謹慎なら、不思議なことをするものだ、と言い換えてもよい。そんなふうに思い、なぜだろうと自問する。

恐ろしい武器や鉄砲や、いろいろな兵器を考え出し、持ち出して、悲壮な顔つきの兵士たちが、真剣に生命をかけて戦っている姿を見るたびに、不思議だ、人間はおもしろいことをする——そう思ってしまうのである。人々が真剣に戦っていればいるほど、その図は私にとっていつも、心底おもしろい。なぜならばそれは、神の存在がごく当然の真理と思われるのと同様、人間の輪廻転生（りんねてんしょう）もまた当然の真理であるからである。

輪廻を前提とするなら、「人間は今ある所に生まれ変わるとは限らない」「人間は今世生まれた同じ場所に生まれ変わるとは限らない」ということになる。

日本に生まれたからといって、来世にも再び日本に生まれるとは限らない。ヨーロッパに生を受けたからといって、来世にまたヨーロッパ人として生まれてくるとは限らない。中国かもしれないし、アメリカかもしれないし、インド、アフリカかもしれないのだ。自分の持った因にふさわしい縁として、どこの国に生まれ変わるかわからない。

これは、真実を求め、探求する多くの人々が当然たどりつくべき考えである。

宗教戦争を〝おもしろい〟と観る見方も、輪廻思想から生まれる。すなわち、ユダヤの人々が来世はキリスト信仰の国に生まれて新約聖書を読んでいるかもしれないし、キリスト信者であった人が来世は仏教国に生まれ、仏教徒となるかもしれない。つまり人間はどこの国に、あるいはどのような宗教の国に生まれ変わるかわからないのに、来世自分が属すべき宗教を目の仇(かたき)にしている、その〈業〉があほらしくもあり、悲しくもあるのだ。

私自身二千年前イタリア半島あたりに、千年前には日本に、そしてまた百五十年ほど前フランスに生まれた。もっと数多く誕生の機会を持ってはいるが、その他はいまのところわからない。

このような認識のもとでは、国と国とのいがみ合いや人種差別、飢えに苦しむ人々への無関心は考えられない。そのようなことはとても人ごととは思えず、見過ごせないのである。宗教の違いで争ってみたり、戦争を起こして人を殺したり、国と国とが無理解のまま対立したり憎しみ合うなど、自分が〈内なる己れ〉と相争うようなもので、自己否定につながりかねない。

こう説明すれば、人間は不思議なことをするものだ、信じられないほどおもしろいことをする生きものだと洞ヶ峠を決め込む私の態度をわかっていただけるだろう。戦いの渦中にある人々が真剣であればあるほど、その感は強まるのである。

「諸行無常」が、この世のすべては無である、この世のすべては虚しくはかないものである、という無常感、あきらめの気持ちや消極的な教えでないことは先に書いたとおりである。「諸行無常」とは、そのようなあきらめや虚しさといった消極的な教えではなく、もっと力強い、積極的な、生きる勇気や希望が必ず湧いてくる、そのような教えなのである。

今でもそうであるが、私自身この言葉に今までどれほど支えられてきたかわからない。

医者一族の無信心

私の家族はみな医者である。姉も義兄も叔父たちも叔母の兄弟も、いとこたちまでが、すべて医者である。小さい頃から医者以外の世界をまったく知らないまま、私は医者に囲まれて育った。

一九八五年にノーベル平和賞を受賞した核戦争防止国際医師会議（ＩＰＰＮＷ）に参加し国際評議員、長崎支部副支部長として貢献した長崎大学原研内科の市丸道人名誉教授は、義兄のいとこである。幼い頃両親を失くし、義兄たち兄弟と共に育った。そして彼だけがカトリック信者である。

市丸教授以外、宗教と名のつくものを持っている人は私の周囲にはいない。だから、もし私が輪廻転生説など持ち出そうものなら、彼らは目をむいて驚くだろう。気でもふれたかと心配するかもしれない。

そのような環境の中で、このような考えをもって生きるということになると、ある意味で孤独に生きることを覚悟しなければならない。多くの解脱者がそうであるように、理解してもらうなどということは不可能に近いからである。自分が信じる道を歩もうとするとき、それは誰もが置かれる立場であり、また仕方のない結果である。

医学がどうこういうつもりはない。科学の一分野として目覚ましい進歩を遂げた今日の医学に、私たちは心から感謝すべきであろう。

が、しかしそれだけがすべてではない、とも思う。

少し長くなるが、医師の資格を持つある高名な作家の文章を要約・抜粋してみよう。

「かつて医師だったころ、わたくしは数多くの死を見てきた。

若いのに癌に侵された死、一瞬のミスでハンドルを切り違えた死、炭坑の中で落盤に打たれた死、老いて眠るがごとく逝った死――死はそれぞれに違う顔を持っていた。

だがそれらすべての死を通じて共通していたことは、死は無だということであった。

こう書くと、なにをいまさら、と笑う人がいるかもしれない。死が無であることは、はじめからわかっている。といわれるかもしれない。だが、わたしの結論は、やはり死は無だということだった。そのことをいま一度はっきり知ったということである。

いや、実をいうと、わたしは死が無だともいいたくないのである。(略)

日本語の無という言葉は、単純に『なし』ではない、何か宗教的な含みがこめられているような気がしてならない。

たとえば『諸行無常』の一語にしても、この世のすべてのことは無に帰する、としながら、その無常感に納得し、身をゆだねているようなところがある。なにも無し、としながら、そのあきらめのなかに甘えているような部分がみえる。

だが、わたしがいう無は、あきらめも甘えもないナッシングそのものの意味である。(略)

日本語感のウェットな無でなく、乾ききった事実としてのナッシング。死はまさにナッシングそのものであった。

それはたとえていえば、掌の上にのったひと握りの灰にすぎない。(略)

かつて一国の政治を左右した人も、満場の観客を湧かせた名優も、一介のサラリーマンも、すべてただの灰になる。

灰の各々に特徴も差別もない。

その意味で、死は見事に平等で、ナッシングである。(略)

——だが、わたしが医学部にすすみ、医師になってから見た死は、そうした魂や霊界とは無縁の、たんに肉体を消滅する即物的な死、そのものでしかなかった。（略）
脳溢血の死は、脳動脈が破れて呼吸中枢を圧迫した結果であり、心筋梗塞の死は、心臓への血管が閉鎖したときに起き、植物人間の死は、蘇生器を医師が止めた時刻にすぎない。すべて医学的に論理的に説明される。
その瞬間、死者の意志が動き、魂が走ったとはとうてい考えられない。（略）
父はすでに死に、無に帰して、この世に肉体も魂のかけらも残していない。（略）
父は間接的に、わたしや母や、その他、知っている何人かの人々に思い出を残しただけで、もはやそれ以上の存在ではない。父という肉体も精神も完全に消滅している。
こう考えるのは淋しいことである。この世のどこかで、父がわたしを見つめていると信じたい。あるいは、一層、お化けや幽霊にでもなって、わたしに会いにきて欲しい。わたしが悪いことをしたときは叱り、失意のときは慰めにきて欲しい。
だが、死んだ父にはもはやなんの力もない、死者はあくまで死者で、それ以上のものでもそれ以下のものでもない。ナッシングそのものである。
そしてわたしの死も、父の死と同様、なにもこの世に残らない。見事なまでに無に帰する。
考えてみると、わたしの医師としての十年間は、この事実を確認するための十年間だったような気がする。

死はまさしく無である。それは掌の上にのせた灰と同じく、吹けば消えるだけのものである。事実亡くなった人の肉体は灰となる。もちろんわたしには、そのあとの精神の存在などは信じられない。残るのは、その人がつかった遺品とか、手紙とか書いたものにすぎない。要するに物質である。

しかし、肉体は亡んでも精神は生き残る、と主張する見方もある。たとえば作家の場合、作品とともにその人の精神が残るという。だが、それは少しおこがましい考えのような気がする。たしかに画家にせよ作曲家にせよ、作品は残る。しかしそれらはただ、キャンバスなり、五線譜に書かれたものに過ぎない。死後もなお、作家や画家が霊魂となってわたし達に語りかけているわけではない。（略）

不遇な作家が死後認められて、草葉の陰で喜んでいるだろう、というような発想は、わたしの採るところではない。あれだけ見事に消滅する人間が、草葉の陰などで喜んでいるわけがない。喜ぶも喜ばないも、その人はすでに跡かたもないのだ。

喜んでいると思うのは、生きている人の勝手な想像である。ノスタルジーをもてあそんでいる自分を、正当化するためのフィクションでしかない。

生前セザンヌは認められず、ゴッホは苦渋のうちに死んでいったが、いまは認められているからいいだろうというのは、生きている人の自己満足である。不遇で死んだ人はあくまで不遇で、それ以上のものでもそれ以下のものでもない。

不遇だったけれども、あとで認められたからよいという論理は、親不孝を重ねていながら、いまは亡き親に悪いと思っているから許されるだろうというのと、同じ理屈である。いまさら、そんなことをいっても、死んだ人に通じるわけがない。
天界と霊界に通じる道があるなどと考えるのは、生きている人のフィクションに過ぎない」（大意）

こうした考えに従うなら、今まで私の書き綴ってきたものはフィクションということになる。それでは先に進むことができないし、何も書けないことになる。フィクションというものを、私は書くことができない。事実と信ずるもの以外、私には何ひとつ書くことはできないからである。

仏教用語には「往生」という言葉もある。往生とは文字どおり、生まれ往くことである。そしてそれは霊界へと生まれ往くことを意味する。

この世は仮の宿であって、霊界こそが私たち人間の本当の生きる場所である。キリスト教流には「天国」「後の世」ともいう霊界は、この世での生きざまを問われる厳しいところである。

この世での生きざまは、すべてがそのまま霊界での生きざまに通じる。それゆえ、この世の過ごしよう――人生には、何一つ無駄になるものはない。焦る必要もないし、遅すぎるということも決してない。たとえ百歳になろうと、常に希望と喜びと努力とを失わずにいられるのだ。

そう考えれば第一、死を恐れる、という気持ちが消えてしまうのである。それは人間の生が天界、霊界へと即通じるものだからである。死は、霊界への入口に過ぎない。

このように信じて生き、天界を仰ぎみること、つまり信仰とはこのような内容を〝核〟とする。この核を支えとして生きる人の道はすさまじいほどに厳しく激しいものであり、切れば血の吹き出るような生き生きとしたものである。私の信仰生活の初めの十年間は、そのことを知るための歳月であった。

繰り返すが、大切なものは目には見えない。

人間にとって真実大切なものは、人間がその全存在をかけて感じ取る——悟る——べきものである。

Ⅱ　神の怒り

動物の愛――象への愛、キタキツネの愛

『子象物語』や『子猫物語』という〝動物もの〟の映画がある。いずれも、製作費が低く抑えられたわりにはよい出来だった。

そのうち『子象物語』は、第二次大戦中、動物園の動物たちがすべて殺されなければならなかった時代を背景としている。

毒殺、絞殺、餓死殺――すべての動物たちが殺される。軍の命令なのだが、その処置はすべて飼育係に任された。トラやライオンなど、人間から見れば獰猛（どうもう）に見える動物であっても、それを育ててきた人たちにとっては殺すにしのびなく、辞表を出してやめていこうとした人もいたという。しかし軍の命令である以上、それは許されなかった。

子象「ハナ子」の母親は餓死させられた。毒を混ぜたえさを鋭くかぎ分けて食べず、獣医のつき立てる太い注射針が何度も折れたからである。

来る日も来る日も水も餌も与えられず、そしてハナ子の母親は息絶えた。死んだ母親の脇で、同じように寝ころんでみたり、起きては小さな鼻で母親の体中を撫でまわしたり、押されても

引っぱられても、ハナ子は死んだ母親の側から離れようとはしなかった。

すべての動物が殺される時代だった。象の飼育係は、自分の生命をかけて子象「ハナ子」を守るため、救うため奮闘する。

軍の指令官の向ける銃に向かって、武田鉄矢扮する飼育係は叫ぶ。

「ハナ子はまだ子どもじゃないか。

人間の子どもなら、母親に甘え、抱かれ、まだ母親の愛情を欲しがるそんな子どもじゃないか。ハナ子を撃つならおれを先に撃て！」

そう言いながらハナ子の前に立ちはだかる。

自分の生命をかけて、飼育係は子象「ハナ子」を救う。当時六歳だったハナ子は、今も元気で生きているそうである。映画制作時点では、四十七歳だ。

何が悲しいといって、この世の中で最も痛ましいものは、子どもの死と動物の死ではなかろうか。

改めてそう思わせるのが『子猫物語』である。主人公のチャトランにしろプー助にしろ、観るものをして「動物ほどいじらしいものはない」と思わせてしまう。

『キタキツネ物語』がそうであったし、「南極物語」のタロ、ジロにしても、たとえようもないほどいじらしかった。野生に生きる動物たちの、厳しくもその自然のままに生きる姿ほど、人を感動させ、胸打つものはない。

彼らは、愚痴も不平も言わず、どれほど厳しい試練にもじっと耐え、黙ってすべてをあるがままに受け入れていく。

死に際し、うらみつらみを言ったり、死にたくないとわめく動物はいない。自分で自分の傷口をなめ、黙って一人で苦しみに耐え、静かに一人で死んでいく。

そのいじらしさ、粛々と運命に従う純朴そのものの素直さ。動物は、私たち人間への神の賜物である。

『キタキツネ物語』の母親は、子どもが自分で餌をとれるようになると、ものすごい勢いで追い払う。

ある日突然変貌した母親に驚きながら、彼らは一目散で逃げ回る。

「信じられぬ、きっと何かの間違いだ」とでもいうように、母親の顔をうかがいながら、ときに甘えるしぐさを見せてそっと母親の反応を探り、今まで育った暖かい寝ぐらへと近づこうとする。

それら一切の甘えを許さず、母親は、咬みつかんばかりの勢いで追い散らす。

「冗談ではない、遊びではないのだ！」

母親の本気を悟った子どもたちは、まだ幼い顔を残したまま、淋しそうに、悲しそうに、そして不安そうにそれぞれに散っていく。

気の弱そうな兄弟二匹が、追われては戻り、追われてはまた戻り、小さな身体を寄り添い合って、母親にあわれみを乞うように、赦しを乞うように、すがるような目をしていた。が、他の兄弟に対する以上の激しさをもって、母親はこの二匹を追い払ったのだった。

子どもたちは泣いたろう。しかし、あの激しさをもってしなければ決して離れることのない子どもたちを知るゆえに、心を鬼にした母親の目からもきっと、涙が流れていたに違いない。

かつてこれほど衝撃的な場面を見たことはなかった。

キタキツネの母親は、観るものに多くのことを学ばせる。たとえば、厳しさは愛であること。どれほどそれが激しいものであっても、真の厳しさはまた、真の愛であることを。親子というものが、かくも潔いものでなければならぬことを。

一点のエゴも甘えも許されない。大地に足を踏みしめて一人で生きていくために、たくましいもの、りりしいもの、大きなものとなるためには、それら一切のものを、親も子も、介入させてはならないのだ。

豊かな愛情を注ぎ、生きる術をその身をもってしっかりとたたき込み、一切の不安なく、恐れなく、堂々とただ子を信じて放り出す。すべてを数えたあと、キタキツネの母親は愛するわが子を放り出すのである。

何という自信だろうか。何という潔さであろうか。

厳しさの中からほんものの愛を学び、りりしく、たくましくなった日に、キタキツネの子どもたちはまたきっと、母親のもとを訪れるのだろう。

オスキツネの死

動物は偉い。賢く、そしていじらしい。

動物は親のエゴで子どもを振り回したりはしない。自分のエゴで子どもたちを縛りつけたりはしない。

子どもを自殺に追いやったり、親を殺したり、そのような育て方を決してしない。

世界宗教者平和会議ＷＣＲＰ国際委員会会長であり、立正佼成会会長（現開祖）でもある庭野日敬（にっきょう）氏は次のような趣旨のことを言っている。

「私たちはライオンを恐ろしい猛獣だと思っていますが、ライオンには殺害抑制本能というものがあって、生きるために必要な獲物以外は殺さないそうです。

ましてや身内同士の殺し合いはまったくないといいます。

ところが人間には、ライオンのような殺害抑制本能というものがないため、ときとして、じつにむだな殺し合いをします。

ですから、皮肉な言い方に聞こえるかもしれませんが、ライオンに道徳教育を施す必要はないけれども、人間にはどうしても教育というものが必要だということになります」

サファリランドへ行くと、動物が野生に近い生活をしている。

恐ろしい顔をしたライオンたちが、夫婦か子どもか知らないけれど、互いにいとおしそうになめ合ったり、じゃれ合ったり、慈愛に満ちた顔をして寄り添い合っている。その平和、愛に満ちた眼差し。

恐ろしい顔をした彼らの目の奥に光る慈愛に満ちた眼差しを、そして家族を愛する平和に満ちた彼らの生活を、人間たちはうらやましいという思いで眺める。

ライオンに限ったことではない。自然に生きる動物は皆そうである。

『キタキツネ物語』に戻るが、山が雪に埋もれ、食べものがまったくなくなったオスのキタキツネは、民家のニワトリを襲っては妻と子どもたちのところへ運んでいた。

その日も、恐ろしいワナが仕かけてあるとも知らず、一羽のニワトリをとるために、オスのキツネは山から降りてきた。

恐ろしい鉄の鎖に彼はひっかかった。オスキツネの片足には太い鎖ががっちりと食い込んだ。満身の力を振りしぼって彼は鎖から逃れようともがく。泣きながら満身の力を込め、必死でもがき続けた。

足の肉はそげ、血がしたたっていた。ついに彼は太い鎖をひきちぎった。血のしたたり落ちる足に重く太い鎖をつけたまま、引きずるようにヨロヨロと山に向かってオスキツネは歩き出した。

最後の力を振りしぼって彼はメスギツネと子どもたちのいる山へと登った。

変わり果てた父親の姿を見たときの子ギツネたちとメスギツネの表情を、今も私は忘れない。

父親は息絶えた。

子どもとメスギツネの目の前で、オスキツネは死んだ。

その夜一晩中メスギツネは、「ウォーン、ウォーン」と悲しそうに、いつまでもいつまでも泣き続けていた。

人間社会で感動を受けることよりも、動物の世界で感動し、心打たれるものを見ることの方が私には多い。

物言わぬものだけに、健気に生きるその姿がいじらしく、自然に逆らわずに生きるその姿は、貴いものに思われる。

プー助の冒険

『子猫物語』の深い感動を伝えたくて話し始めたとたん、テーブルに向かい合って座る知人が叫んだ。

「あんなにくだらない映画はなかったわ。冒険、冒険というから、どんなにすごい冒険をするかと思ったら、なによ、あれ。千五百円も出して損しちゃったわ。あれくらいの冒険なら、うちの猫だってするわよ」

別に、彼女は喧嘩腰でしゃべったわけではない。それはほとんど彼女の日常語の口調であるので、驚きもしなかった。

しかし話がそれ以上先に進まなくなったことはたしかである。

本にしろ映画にしろ、感動するものは人それぞれであるだろう。しかし、彼女の家の猫が、あれだけのすばらしい演技と冒険ができるとは、とても私には考えられない。

猫のチャトランが深い穴に落ち、大の仲良しのパグ犬、プー助がそれを助ける場面がある。畑正憲氏は、綱を何度も穴へ落としては引き上げるまねをして、プー助の頭を撫でながら、「チャトランが穴に落っこちて、かわいそうだね、助けてあげなくっちゃ、かわいそうだね」と、二時間かけてプー助を説得したという。

殴ったりたたいたりしたわけではない。

プー助の頭を撫でながら、「こんなふうにして助けてあげるんだよ」と、二時間かけて畑氏はプー助を説得したのだった。

この映画には最初から終わりまで、人間は一人も出てこない。

プー助は、誰の手も借りずに、自分で綱をくわえてくるとそれを穴に落とし、何度も何度も失敗しながら、それでも深い穴から見事にチャトランを引き上げた。

一匹の子猫を危険から救う、それだけのために、撮影時には完全武装をした人たちが何百人も動員されたと聞いた。

それだけのことをする価値のある作品であった。

今なお忘れられない感動と余韻を残してくれている映画である。

人生が波乱に満ちたものであること、あるときは死と隣り合わせの危険に満ちた旅であり、冒険であり、ひとところにとどまることのない変化と変動の連続であり、それだからこそ人生は楽しく、すばらしく、そしてまた大きなものへと成長するチャンスとなることを、チャトランとプー助が教えてくれている。

人間の残虐性――残酷な人間たち

教師が生徒たちの可愛がっていた小犬を教室の窓から投げ捨てて殺した、という新聞記事が手許にある。

三十八歳になるその男性教員は、教室に入ってきて「静かにしなさい」と生徒たちに声をかけたのだが、騒ぎの原因が生徒たちが〝チャト〟と名づけてかわいがっていた小犬だと知ると、いきなりその小犬をつかみ上げ、三階の教室の窓から放り投げたのだ。

〝キャンキャン〟と鳴きながら落ちていったチャトはアスファルトに叩きつけられ、それでも必死で起き上がって歩き去ったが、昼過ぎ、校舎の陰で死んでいたという。

これほどの残虐行為があるだろうか。しかも生徒を教え、指導する立場にある教師が生徒の目の前で、いとも簡単に、こともなげに生きた小犬を放り投げたのである。その小犬は生徒の宝物であったというのに。恐ろしいことである。

うちにも犬がいる。

先日その犬と散歩をしていると、子どもが二匹の小犬とじゃれ合っている光景に出くわした。あまりの可愛さに、しばらく立ち止まって眺めた。

戻り道、その家にもう一匹大きな犬がいたことを思い出した。その家ではいつも父親が夕方犬を鎖から放してやり、広場で遊ばせていたものだ。犬はいつも大喜びでうれしそうに飛びはね、じゃれついていた。

そのことを思い出し、小さな女の子に、「もう一匹のワンちゃんも元気？」と声をかけた。

「あれはお母さんが保健所にあげたの、よその犬が寄ってきてうるさいって。それで保健所の人に来てもらって、連れていってもらったの」

うちの犬を抱いたまま、フラフラと私はその場に座り込んだ。何か鈍器で頭をガーンとやられた感じであった。

「じゃ、その小犬は二匹ともオス？」

「ううん、オスとメス」

オスは大丈夫と思うが、母犬同様、メスの子犬はいつまた保健所の世話にならなければならないとも限らない、と今も私は、気が気ではない。

これもご近所に、十年来親しくしている婦人がいる。この話を彼女にしてみると、そんなことは日常茶飯事だ、と言った。

その婦人が親しくしていた人が飼い犬のマルチーズを散歩させていた折、鉄条網を張りめぐらせた場所で、犬が飛びはねているうちに、とがった金属の先が犬の目に突き刺さったそうである。

「目から血を吹き出している犬を、そのままその人は保健所に連れていった」

と彼女は言った。

「どうして病院へ連れていかなかったの！」と彼女は叫んだそうである。このあたりにはたくさん獣医さんがある。

「気持ち悪いし、病院に行っていろいろするよりは、ひと思いに……」

飼い主はそう彼女に言ったそうである。

もうその人と口も聞きたくない、顔も見たくなくなった、と婦人は付け加えた。

そういえば、以来女の子の母親に会うと無意識に私の顔は引きつり、つい顔をそむけてしまう。婦人の気持ちが私にはよくわかるのだ。

日常茶飯事となってしまった近所の犬や猫たちの悲しい出来事を、婦人は悲しみと怒りのこもった口調でたくさん聞かせてくれた。歳取って病気になり保健所に連れていかれた犬の話、元気でも保健所にやらされた近所のたくさんの犬たちの話。

保健所の人は「犬を連れに来てくれ」という連絡を受けて出向くと、まず家人の顔を見てしまうそうである。罪もない動物を平気で殺すその人の顔を、まじまじと見るのだ。

自分たちだって、できれば殺したくない。罪のない動物を殺すなどしたくない。そんな気持ちをもてあましているから、平気で殺してくれ、始末してくれ、と依頼する人の顔が不思議な生きものに見えてしまうのだという。

人間の残虐性、残忍さを証明し、人格さえ疑わせるようなそれらの行為を、見ようと思わなくても見せつけられる職員の表情は、そんなときやり切れなさでいっぱいになる。

無邪気な子どもたちまでも

多分、日本中どこでも見られる、ありふれた光景の一つであったろう。夏のある朝四、五歳ぐらいの男の子が生まれてひと月くらいの小犬を連れて歩いていた。無条件に「かわいいな」と思わせる風景だった。このような場面に出合うと、どんな大人でも、無条件に顔がほころぶ。と、突然その小さな男の子は、いきなりその小犬を力まかせに蹴り始めた。何を思ったか、四、五歳ぐらいの男の子がいきなり小犬を力まかせに蹴ったのである。小犬は蹴られるたびにヨロヨロと立ち上がり、そしてまた蹴られている。ついに小犬は田んぼの中に蹴落とされてしまった。

小犬は何一つ悪いことはしていないように見えた。ヨチヨチながらちゃんとまっすぐに、いじらしいほど懸命に歩いていたのに、幼い子の気まぐれが、小犬の運命を滅茶滅茶にしてしまった。

こんな小さな子どもに、このような残虐性を植えつけたのは誰なのだろう。

こんな話もある。

娘がまだ小学生の頃、目に涙を浮かべて帰ってきたことがある。

「○○ちゃんちのお母さんが、自分の家の犬を、〝この子はこんなにしないとわからない〟と言って、とがったヒールの靴を履いたまま、犬の足を思い切り踏みつけているの」

というのだ。「痛そうにキャンキャン鳴いて、かわいそう」と、娘は涙を浮かべている。

それは痛いに決まっている。ヒールで思い切り足を踏まれれば、誰だって痛いに決まっている。まして犬の細い足なのだ。

「そのうちの子は、学校で飼っている小動物たちに平気でいたずらをするし、よその家の飼い犬に石を投げつけたり、信じられないようなわるさをする」と娘は言った。小犬を蹴飛ばした幼児といい、娘の友だちの子の例といい、その母親の姿に、子どもたちの残虐性の原因をみることができる。

どのように弁解しようが、子どもの姿は大人の姿の投影に過ぎない。今の子どもたちの姿は、今の大人たちの姿の投影である。残忍性を秘めた残虐性、いじめ、暴力――すべて大人の姿である。

たとえば、全国津々浦々にある大きなスーパー。普通、レジ以外に店の人はいない。店によっては、一日の売り上げ商品より、小学生、中学生の万引きで失くなる商品の数の方が多いと聞く。

また、最近多い荒れる中学校では窓ガラスが片っ端から割られた結果、「どうせ入れてもまた割るから」と、ガラスは入ってないという。

いじめ、暴力など、もう日常茶飯事である。そしてそれもまた、大人の荒みきった心象風景の投影に過ぎない。

恐れを知れ

暴力団・D会の本部が、わが家から歩いて十四、五分のところにある。先日発砲事件があり、二人の人が殺された。その三十分ほど前に私が通った場所で、二人の人が死んだ。

その何日か前は、わが家を揺るがして〝ドーン〟とすさまじい音がした。瞬間、ガス爆発だと思ったが、いくら待っても消防車の来る気配はない。そのうちパトカーのけたたましいサイレンが鳴り出した。

翌朝新聞を広げてみると、D会本部に手榴弾が投げ込まれたと書いてある。一連の抗争以来ものものしい警備ぶりなのだが、その目をぬって誰かが手榴弾を投げ込んだらしい。

このところ、夜中であろうが昼間であろうがおかまいなしに、けたたましいサイレンが鳴り響く。真夜中に何十台ものパトカーがサイレンを鳴らして走り回るさまは、どうしても人の不安をかきたて、暗たんたる気持ちにさせてしまう。

激しくなる一方の抗争事件はたしかに恐ろしい。が、暴力をなりわいとする人々の事件よりも、一般の人々の方が私にはもっと恐ろしく感じられる。

「殺してやる」と目を吊り上げる人よりも、何くわぬ顔をした〝善人〟が、平気で犬を殺したり、飼い犬をさっさと保健所へ送ったりする方が恐ろしい。まるで正義の塊のような顔をしたそれら一般の人々の中に潜む残虐性、妬み心――それらの方が私にとっては数倍恐ろしいのだ。

自分の幸福を語るとき相手の顔が苦痛にゆがみ、自分の不幸を語るとき、相手の顔がパッと輝く。それを見るとき、私の恐怖は頂点に達する。

中でも卑しむべきは妬みである。ショーペンハウエルは「嫉妬」についてこう言っている。

「人間の嫉妬は、彼らがみずからいかに不幸に感じているかを告げるもので、彼らが他人の行為に絶えず注目していることは、いかに退屈しきっているかを示すものである」

真実である。人生を真剣に生きているものは、決して人を妬まない。怠けものが人を妬むのだ。

「残酷なのは弱い人間である。やさしさは強い人にしか望めない。

恐れを知らない人間は本当に勇敢にはなれない。勇気とは、姿を見せないものに立ち向かっていく力だからだ」

こちらはレオ・ロステンの言葉である。

エゴの蔓延――愚かさタナ上げの論理

ノートルダム清心女子大学学長（現理事長）・渡辺和子氏の著書『美しい人に』（ＰＨＰ研究所）の中に次のような趣旨の一節がある。

「この世の中にはお金で買えないものがあります。ところが物質主義の世の中は『地獄の沙汰も金次第』と、望みの学校に入学するのも金なら、就職も金。結婚の条件も金なら、子どもを生むか生まないかも金、そして昨今は死ぬことも金で左右できる世の中になって来ています。たしかに生活してゆく上でお金がなくてはとても困りますけれども、お金至上主義は決して人間を幸福にしません。

それこそある小学生が作文に、

『ぼくはお母さんが大好きだ。だからよく勉強して、良い学校に入ろうと思う。卒業したら大きい会社に就職してお金をうんともうけて、お母さんを飛び切り上等の老人施設に入れてあげようと思う』

と書いたというほど、幸せは金で買えるという思想が普及しています。しかしほんとうにそうでしょうか。（略）」

この作文を読んで笑える人がいるだろうか。これはまさに今の世の投影であって、この子どもに何一つ罪のないことは誰の目にも明らかだろう。すべての責任は大人にあるのである。真実大切なものは何か。私たちがそれに目覚めない限り、大人も子どもも、悲惨な結果を迎えるだろう。もしそれに気づくのが遅すぎたなら、大人も子どもも、悲惨な結末を迎えるだろう。

真理や真実から遠く離れたものに幸福の訪れることはない。生き延びる術はない。しかも、破滅の瀬戸際に立った私たちに残された時間は、もうあまりない。

世界は人間のエゴでおおわれている。人は殺し合うことを熱心に論じ合い、「これだけの核を使えばこれだけの人数の人間を殺せる」「これこれの兵器を使えば世界人口のこれだけの人間を抹殺できる」と、まるで日常会話のごとく、その日その時が来るのを首を長くして待っている。そのような時代なのである。

明日はわが身ともつゆ知らず、想像力に欠けた愚かな人が、まるで自分が英雄にでもなった気分で、それらのことを論じ合っている。そのような人々に限って、災難が降りかかってくれば、「なぜ自分がこのような目に遭うのか、なぜ自分がこのような苦しみを受けるのか」と嘆き、あたかもそれが不当なことでもあるように神を恨んだり、呪ってみたりするのだ。恨みを込めつつ死んでいくに違いない彼らは、人の死は考えても自分の死を考えてもみなかった愚かさを棚に上げてしまう。

人類が受けるであろう最後の審判について、前出の教祖の書に次のような一節がある。
「神は助けようと思って、筆先でなんぼ知らしてやれども、いつも鳴く烏の声と油断を致していると、今に栃麺棒をふるって、逆さになってお詫びをせんならん時が来るが、その時になっては、神はそんな者にかもうてはおれんから、身から出た錆とあきらめて往生致そうよりしようがないぞよ」（大意）
ある意味では恐ろしい言葉である。だからこそ油断することなく、たゆまず私たちは努力しなければならない。今、すぐに目覚めなければならないのである。
神に見放される前に、目覚めなければならぬのだ。もしそれが間に合わないならば、大人も子どもも、悲惨な現実に身を置くことになる。

安心感の心理学

大本教の創始者である出口ナオ、出口王仁三郎両教祖について書いた佐治芳彦氏の著書の中に、次のような一節がある。

「甘え＝依存＝人間の主体性の放棄……。これこそ、人間が神に捨てられる確実なステップである」

これについて早稲田大学教授（現名誉教授）、加藤諦三氏の意見を参考にしながら、少し詳しく考えてみよう。

ある意味で「依存」は、人間のエゴをはっきりと浮き彫りにする心理である。

「『安心感』――依存心というのは弱い立場にある人が安心感を得るために持つ、というのが自然の法則である。

たとえば自立心を持った親のもとで、小さな子どもが依存心を持つ。そして強い立場にある親が依存心の強い子どもを指導し、子どもは依存心を克服していく。

自立心のある親は、小さい子どもの依存心を受け入れながら、必要な保護を与えて育てていく。依存心は受け入れられることで解消していく。それが成長である。

ところが、この自然の法則にさからうような現象が、社会にはいくらでもある。つまり、強い立場にある人が依存心を持っているということである。

強い立場にある人の依存心は、弱い立場にある人の依存心を受け入れない。依存心は依存心を受け入れることができないからだ。

自分より強い立場にある人が強烈な依存心を持っているとき、人は安心感を持てない。これが安心感の存否を考えるについてのポイントである。

ひとは、受け入れられることによって安心感を持てる。強い立場にある人が依存心を持っているとき、弱い立場にある人は、所有されることはあっても、受け入れられることはない。他方、弱い立場にある人は、相手に役立つことによって評価されようとする。そして相手に評価されようとして、もっと相手に役立とうとする。

この種の人々が基本的に誤解していることがある。受け入れられないことの原因を自分に求めてしまうのである。

受け入れられないのは、相手に受け入れる能力がないからである。安心感を求めている人が、もしこの理解を欠けば、いつまでも無駄な努力をして、自分を傷め続けることになる。

相手に役に立つことで受け入れられようと努力する人が、その役に立つことに失敗すると、家庭内暴力や不登校のような症状を呈することになる。また、役に立つことに成功している限り、その間違った努力を続け、おとなになって神経症などになる。

安心感を持てない人は、幼い頃から多くの他人に『所有』はされたけれども『受け入れられる』ことがなかったのであろう。

依存心が強いということは、別の言葉を使えば、『自己の個別化』が成し遂げられていないということを意味する。自分が自分であるということの感情が確立していないということである。自分だけが自分なのだということがはっきり自覚できたときに、自己の個別化がなしとげられる。

たとえ自分にとってどんなに近い人間であっても、ひとはそのひととしての固有の感情を持っている。

情緒的に未成熟な人間は、自分に近い人間に幼児的一体感を持つ。親の場合なら子どもに対してそのような一体感を持つ。つまり子どもが、親である自分の感情の要求にしたがって動くことを期待するのである。

情緒的に未成熟な親は、自分の依存心から出てくる感情を、愛情という形で正当化する。愛情ということばで表現しても、実体は自分の子どもを奴隷化するということである。

子どもには子どもの感情の動きがあり、子どもには子どもの意見がある。子どもは決して、自分の劣等感を保証してくれる手段ではない。依存心の強い親は、どうしてもこのことを認めることができない。

つまり、このような親は、えてして子どもを自分の崇拝者に育てあげようとしている。そして自分の劣等感を癒そうとするのである。

自分が劣等感を持っているとき、子どもがいっしょになって、あれもくだらない、これもくだらないということを要求する親もいるが、そのような親は、親子のつながりを強調しながらも、実は子どもを自分の奴隷としているに過ぎない。しかも、親は子どもを奴隷化しながら、そのことを子どもへの愛情と錯覚してしまう」（『安心感』加藤諦三、大和書房、大意）

いつ親離れできるのか

今、日本人の心は明らかに病んでいる。小学校レベルから病んでおり、全国どこへ行っても、不登校の生徒がいない学校はないという。

中学校では校内暴力という形で現れる。家庭では家庭内暴力である。

高校生の五無主義もその延長上にある。大学にはスチューデント・アパシー（学生の無気力）になった学生がたくさんいる。かつてのように五月病などというような、なまやさしい一過性のものではない。大学によっては、男子学生の留年率は二割を超している。

サラリーマンの一二％はうつ病だという調査がある。別の調査では十人に一人は心の病に冒されており、専門医の治療が早急に必要だという。一割のサラリーマンの心が病んでいるとすれば、半健康な〝正常人〟はいったいどのくらいの割合になるのだろうか。

東京都の小・中学校の先生の三人に一人はイライラ病にとりつかれている。このような数字はいくらでも挙げられる。今の日本人の心は世界で最も病んでいると断言できる所以(ゆえん)である。

それにしても、なぜこれほどまでに日本人の心は病んでいるのか。なぜ母子癒着して成熟を拒否してしまうのか。なぜ人々は情緒的に大人になれないのか。

今、親子問題を考えることは、おそらく日本人を考えることでもあろう。少し長くなるが、加藤氏の説に耳を傾けてみよう。

「『あなたが感じるように感じてはいけない。私があなたに望むように感じなさい』そういう親の期待に押しつぶされて、子どもは歪(ゆが)んでいく。

親は、愛という名のもとに、自分の感情を一方的に押しつける。しかも押しつけているとは思わない。その結果、子どもの情緒は成熟できず、子どもはいつまでたっても親離れできないことになる。子どもは、親の望む感情だけを持ち、親の期待に反する感情を持つことを自分に許さなかった。そして、生きている実感を失ってしまった。

私はこの本で、親離れの難しさと大切さを書いた。そして、私自身の体験をも含めて、どうしたら親離れできるかを考えてみた。私自身、自分の過去をふりかえって、自分の心が健康だったとは逆立ちしてもいえない。私自身、病んでいた。

〈親から心理的離乳をせよ〉

自分自身の夢を持つためには、まず親からの心理的離乳をとげなければならない。

親からの心理的離乳は、生きることの土台である。親から心理的離乳をとげてはじめて、親への思いやりも出てくる。それまでは親の望むような人間になろうとアクセクしているだけである。

奴隷は必ずしも主人に思いやりを持っているわけではない。ただ主人の意志に従順なだけである。親の奴隷になることは親孝行とは違う。

〈親の防波堤になる必要はない〉

子どもが過剰なまでに親に適応するのは、自分に偽(にせ)の存在感を与えている親の関心を失うことが恐いからである。

過剰適応は親の関心と容認を失うまいとする戦いなのである。親は自分のいいように子どもを操作する。しかし他人を操作しようとしている人間は共感的能力が欠如しているから、この子どもの痛々しい気持ちがまったく理解できない。

消極的否定的な親は、子どもを防波堤にして生きる。

あなたを防波堤にして生きてきた親が不安な緊張から解放されるためには、親自身が生きることに積極的にならなければならない。しかし、自分が積極的に生きるより、自分より弱い立場の人間を自分の防波堤にすることのほうが楽である。

そこであなたを生きていくうえで防波堤にした。そしてあなたは過剰適応した。

しかし、あなたが消極的否定的に生きる人間の防波堤などになる必要はどこにもないのだ。あなたが甘んじて防波堤でいる限り、その人達もまたそういう生き方を改めることはない。

〝防波堤などになってたまるか〟——そう決心することは、すべての人にとってよいことなのである。

〈自分の家庭を見つめなおせ〉

愛情のない人間が、愛情を示そうとすると誇大になる。もともとない愛情を、あると自分に納得させようとするのであるから、表現が誇大になる。

親の誇大に表現された愛情に育てられた人間は、心の底に不信を持つであろう。ウソの愛情に問題があるのではない。ウソの愛情を真実の愛情と信じなければならなかったところに問題があるのである。

家庭というのは一人では成り立たない。つまり父がいい、母がいい、兄がいい、妹がいい……いずれにしても一人では成り立たない。相手がいて自分がいなければならない。それぞれの役割がある。いかに強い感情を表現したとて母と子、父と子という関係を成立させるための感情であるとすれば、偽りの可能性はある。親の感情と子の感情とが相互に支えあって家庭が成り立つ。つまり父と子、母と子の向きあった感情は、相手が家庭という枠から出ていくことを許さない。

親子関係は対等でないから、家庭が絶対の価値となると、相手は束縛される以外にはない。相互補完の感情でできあがる家庭の危険である。そして当人は自分の感情が強ければ強いほど、それを真実の愛と錯覚しがちである。五歳と三十歳の親子の感情が、そのまま五十歳と七十五歳でつづいている病的な関係もある。相互補完ということは、自律した感情を許さないということである。夫婦や恋愛の感情は、一人ひとりが自律性を持ってなお可能である。親子でも普通の親子ならそれが可能である。しかし病的家庭にはそれがない。感情の強さと愛情の深さは同じではない。激しい欲求不満からくる感情を相手に向ける人もいる。これが過保護である。夫に対する不満、人生に対する不満を子どもにぶっつける。

もたれあいの関係では、どんなに強い感情をぶっつけあっても真の愛情ではないであろう。

〈偉大な親の正体〉

大人になって幼児的依存心が強いという人間にとって、他人を愛するとか、他人を受け入れるなどということは不可能である。つまり、彼は生きていくために精神的に子どもを必要としている。

無力な子どもが自分の幼児的依存心を受け入れてくれるから、子どもに貪欲にしがみつくのである。子どもは親の期待にこたえて、時に明るく、時には暗くすごす。

情緒的に成熟した人間からみれば〝からっぽ〟の人間を、情緒的に障害をもった子どもは〝偉大なるもの〟と畏れうやまう。

からっぽの親は、子どもの心の中で恐怖によって歪曲されて〝偉大なる人間〟の姿となって存在する。自分の感情を規制し、抑圧して育つ子は、からっぽの人間を正しく認識することはできない。

よく自殺する子どもが出ると、新聞は〝なぜあの明るい子が……〟と見出しをつける。そして記事はきまって従順でよい子だった、となる。家庭内暴力でも、〝ある時期まで子どもは素直で明るい子であったのに……〟というなげきとなる。

どちらにしても、依存心の強い、愛する能力のない親に育てられたのではなかろうか。だいたいそれらの事件の親の話をきいていると、恩きせがましさが感じられる。子どもは本当の意味で愛されてはいなかったのではないか、という気がしてならない。

愛する能力のあるものは、愛することそのことのなかに満足を見出す場合が多い。しかし、愛する能力のないものは、愛したことの見返りを求める。愛する能力のないものは無償の行為ができない。

〈心がふれあう人がいるか〉

他人を受容するためには、当の本人に、生きていることに対する満足感がなければならない。われわれは、生きることに基本的に満足しているもののそばにいる時、安心感を持つ。

あなたは今まで損得で行動していたから、そのような人に出会うことができなかった。損得で行動しているから、いつまでたっても強烈な自我が形成されてこなかったのである。

損得を先に考えてずるくたちまわって、いろいろのものを得たかも知れないが、心の落ち着きを失ってしまった。この世の中には、名誉や財産を得ながら、そわそわとして落ち着かない人がいる。

求めるべきものは、新しい人たちとの心のふれあいである。

人間はおそらく、心がふれあうことによって変化していくのであろう。小さい頃の親兄弟との心のふれあい、友達とのふれあい、成長してきて異性との心のふれあい、動物の好きな人は動物とのふれあい、さまざまな心のふれあいを通して、人間の情緒は成熟していくのではなかろうか。

十年間同じ屋根の下に住んでいても、心のふれあいを拒否した人は変わらない。

親から心理的離乳をとげられていない人は、不幸にして、この心のふれあいの体験がなかった人であろう。あるようにみえながら、実際にはなかった人である。

心がふれあうということは、あなたが自分を偽る必要がないということである。自分を偽ることなく相手と関係できる、ということである。心がふれあった人は強い」（加藤諦三『安心

感』より、大意）

魂の殺人者――ある青年の精神遍歴

中学のときに発病し、その後七年間を精神病院で送っている青年がいた。大変頭のよい、穏和な青年であった。彼の実兄は国立大学の医学生であった。私には周囲がいうほどの変わりものとは思えなかった。

彼の病名は統合失調症であった。彼はさまざまなことを私に教えてくれた。「人間は自分の力だけで生きているのではない、生かされている」こと。「神はたしかに、間違いなく存在する」こと。

「イヨッ、神様、元気？」

空に向かって手を振り、よく彼はこう言った。今から十四、五年前の話である。彼のこうした行動を、私はポカーンと口を開けて眺めていた。信仰のシの字もなかった私にとっては、彼の言動はまさに奇異のものであり、宇宙人でも眺めるかのように私は彼を眺めた。

彼は聖書を片時も手放さなかった。聖書をひもとくまでもなく、聖書のあらゆる個所は寸分の違いもなく彼の頭にたたき込まれているようだった。

その驚くべき記憶力に私は圧倒された。

よく彼は私に聖書を暗唱して聞かせてくれた。あれから十数年が経った今、当時の彼の言動が私にはよく理解できる。

そしてまた彼は、私を信仰へと導いてくれた最初の人であったように思う。二十一歳の若さで、あれほど真剣に、真摯にキリストを求めた人を私は他に知らない。

彼は必死で戦っていた。自分の病と戦っていた。その立場にあるもの以外決して理解することのできないと思われる、凄絶な自分との戦いであった。

彼は穏和な人柄であった。が、しかし彼が自分の母親を語るとき、その顔は憎悪へと変わった。単なる憎しみではない、それはまさに憎悪であった。

彼は母親について吐き捨てるように言った。「あるときは私をうとみ、拒否し、あるときは病を哀れみ、不憫に思いながら、母は私の病を愛していた」と。

社会から隔離し、世間から隔離し、哀れみ、不憫さを装いながらも、彼が手元から飛び立つことに母親は激しい拒絶反応を示した。誰の手にも指一本触れさせない、そんな激しさをもって母親は彼を世間から隔離した。

おそらくは彼の母親に対する憎悪と同じ質の憎しみをもって、母親は彼に一歩たりとも近づくものを憎悪した。あるときはうとみ、拒否し、あるときは哀れみ、不憫がりながらも、母親は彼の病を愛していた。

幼いときから病を植えつけ、自律性のすべてを摘み取り、永遠に手元から飛び立つことのないように、とばかりに、その病をこよなく愛した。

七年を病院で過ごした後、彼が二度の自殺未遂を起こしたことを風の便りで聞いた。

自分の部屋で死を選んだ彼に母親が「あなたは病気なのよ、病気がそうさせるのよ」といとおしみつつ、彼をまた精神病院に入れたのか、もうすでに彼はこの世にいないのか、私は知らない。

彼はよく、「世間の人は皆逆立ちして歩いているんだ」と言った。ある意味では自分たちの方が正常であって、彼の母親や、母親のような人々こそ病院に入るべきではないか、そのような意味である。

加藤諦三氏の『自分づくりの法則』（大和出版）の中に次のような文章がある。

「偏頭痛やうつ病を生み出す家族の〝強い連帯感〟とは、家族の誰かを犠牲にして、自分達の虚栄心を守るための〝わな〟でしかない。口で主張される連帯は、他人を自分のエゴのために利用する〝わな〟である。

分裂病の家族についての論文などを読んでいると、『血まつり』という言葉が出てくる。これは、家族の他のメンバーは分裂病にならないのに、その子だけ分裂病になったのはなぜか、という問いに対しての答えである。

この「血まつり」は決して分裂病についてばかり言えることではないであろう。

偏頭痛やうつ病についても同じではなかろうか。

〝家族の強い連帯〟といい、〝わが家のおきて〟といい、実はそれらはずるい人間が他人を利用して自分を守ろうとしているだけのことであろう。そこにいるのは、皆エゴイストで卑怯者だけであった。偏頭痛にしろ、分裂病にしろ、うつ病にしろ、それらのエゴイスト達がうまくやっていくために〝いけにえ〟にされた人たちにすぎないのではないか。〝血まつり〟や〝いけにえ〟とは、肉体的には昔のことである。しかし、心理的には現代もなお、いろいろなところでおこなわれていることを決して忘れてはならない。

そして、肉体的な〝血まつり〟や〝いけにえ〟よりもさらに恐ろしいことは、自分のエゴの安泰のために子どもや家族をいけにえにしながら、それらの人達は、自分たちは立派な人間だと思っているところである。

自分の子どもや家族を肉体的にいけにえにした人は、そのことを知っている。しかし、精神的、心理的に他人をいけにえにした人は、そのことを意識していない。恐ろしいことである。ある意味で中世に流行したペストより恐ろしい。国民病といわれた結核よりも恐ろしい」

「フロム、ライヒマンが、うつ病者の家族について述べてきたことは、今もなおくりかえし考えるに値する。〝われわれはみんな一緒だ〟という家族の中で成長しながら、うつ病患者は児童期の初期から極端に孤独であった。それは、彼らに課せられた家族の中での特別の役割の結果である。

しかし彼らには、その特別な役割をになわなければならない義務など、どこにもなかったのである。

そのように皆に期待されたということだけでは義務にならない。しかし、彼らは義務と感じてしまったのであろう。

〝われわれはみんな一緒だ〟と声高に主張することである人間を、極端な孤独に追いやる。このような欺瞞を見抜くことの中に、現代の心の病を救う道が開けるのではなかろうか。病んだ人の周りにいたのは、尾のないキツネやタヌキばかりだったのである。

〝われわれはみんな一緒だ〟といって、一族全体の、共同の利益の観点以外をメンバーに許さないことで、一番利益を得たのは誰だ。この点を見おとしている限り、現代の心の病を救う道は開けない。

共同体の欠如は、心の病の原因である。しかし、共同体の大切さを説く欺瞞の中に、さらに多くの人を心の病に追いこむ原因があることを忘れてはならない。うつ病者を生み出す家庭などに、もともと人々の結合などなかった。もともと共同体は欠如していた。だからこそ、うつ病者は心理的安全の渇きを感じていた。人々の心が本当はバラバラだったからこそ、〝われわれはみんな一緒だ〟といって集団意識、団結意識を高揚させた。

ある人間をその幻想共同体に奉仕させることによって、別の人々は虚栄心の満足をはじめとしてさまざまな利益を得ようとした。

親や家族の虚栄心の、あるいはエゴの満足のために、ある人は奉仕させられ、ある人は病へと追いこまれた。しかも、それが〝愛と団結〟の名のもとにおこなわれた。私が許し難いと思うのは、この点である。

愛と平和と自由の名のもとに人を殺すのは、戦争の時だけではない。

これらは戦争における殺人以上に罪ではなかろうか。

今、平和な日本におこなわれている精神的殺戮（さつりく）は、戦争中の殺戮のように外から見えるものではなく、外からは見えない家族というような小集団の内部でおこなわれている。しかも、〝愛〟という思想の鉄壁に守られて」（大意）

劣等感と自信

東京に、家庭教育学を専門としている碩学（せきがく）がおられる。中学校長の経験者で、一人娘の親でもあった。娘に対しては「勉強しろ、勉強しろ、勉強して人よりも偉くなれ」というのがその教育家の口ぐせであった。小・中学校と娘さんは常にトップで、二番と成績が下がったことはないという。

しかし高校に入り、大学受験の頃になると、彼女の周囲には自分よりももっと成績の良いものが現れてきた。

「お父さんの期待に添えなくなりました」と短い置き手紙を残して、娘さんは鉄道自殺を遂げた。お母さんと一緒に生きていけない悲しさ、淋しさをめんめんと書き綴ってあった。かけてあった制服を引きちぎらんばかりにして、お母さんは泣き叫ばれたそうである。

「私が娘を殺した。私が娘を殺してしまった」

その教育家は血のにじむような苦しみの中から「二度とこのような間違いが起こらないように、二度と再びこのようなことを起こさないように」そう言い続けながら家庭教育評論家として十数年間、「子どもが親に望んでいるものは何か、子どもが真実親に望んでいることは何か」を訴え続けている。

その教育者が数百人の子どもを対象に、「親に最も望むものは何か」というアンケート調査をしたところ、圧倒的に多かった答えは「自分をもっと尊重してほしい」というものであったそうだ。

幼い子どもたちが親に対して望んだのは「自分たちをもっと尊重する」という親の態度であったのである。

親に逆らい、反抗、反発できる子はいい。自分の全身で親にぶつかり、抵抗し、反発し、そして親から離れる力を持った子どもはまだいいだろう。問題はそれ以外の子どもたちである。

彼らはどうなるか。屈折した思いを自分の中にうっ積させていくか、外に向けて発散する以外にないのではないか。

私の親せきの中にも自殺した人がいる。旧帝大系大学出の優秀な人材であった。高い地位にあったため、彼の死は週刊誌にも載った。私自身、大学時代お世話になっている。

彼は一人息子であった。その彼が死ぬ前の晩、母親にしがみつき、激しく揺さぶりながら「お母さんが僕をこんなにした――！」と叫んだそうである。私の叔母がそう教えてくれた。

翌日、彼はマンションから飛び降りて死んだが、自分が死ぬよりも、本当は母親を殺したかったのではないか、と私は推測する。

小さいときから母親の過大な期待に苦しみ、母親に振り回され、大人になってからもなおしつこく付きまとわれ、激しい干渉を受け、そうして追い込まれ、苦しんだ彼は、自ら死を選ぶよりも本当は、母親を殺したかったのではないか。

殺さぬまでも、彼は母親を捨てるべきであった。母親を捨て切れぬやさしさが、彼を自殺に追いやった。世間がどう言おうと、周囲がどう批判しようと、彼は母親を捨てて生きるべきであった。

子に捨てられたからといって自殺するような親はいない。子を自殺に追いやるような親の精神は、そんな軟弱なものではない。もっとたけだけしく、自分本位で身勝手なものである。だから母を捨て、彼はあくまでも生きるべきであった。

叔父の一人が「彼の死は無駄であった」と言った。

彼の死を無駄にせぬためには、こう叫ばねばならぬ。

「魂の殺人を許さない！」

彼とまったく同じ体験をし、死線をさまよい、今日辛うじて生かされている私もまた叫ぶ。

「魂の殺人を許さない！」

親子の間だけではない。夫婦の間でも個人と個人との間でも、さらに国家間でも、今日ほど相互に尊重されることのない時代はない。わがままやエゴ、甘え、依頼心、自主性の放棄、ごう慢、慢心、尊大、損得勘定が相互尊重を妨げている。

とりわけ情緒未成熟で依頼心の強い甘ったれた親たちが、「尊重を！　尊重を！」と悲痛に叫ぶ子どもの心を無視して、〝愛〟の名のもとに親の威厳をカサに着て子を振り回し、執拗につきまとう。

加藤諦三氏の言葉を借りれば、そのような親は未成熟なだけである。可愛い、可愛いという〝思い〟を与えることによって、子どもは三歳までに親にすべてを与え、恩を返しているという。それ以上のものを子に求める人は卑しい。心の卑しい人である。

子どもたちの言葉にもっと真剣に私たちは耳を傾け、もっと多くのことを学ばねばならないのである。

「尊重」のなさが人間に残虐性、残忍性をもたらし、「尊重」のなさが個人や社会、国家を世界を混乱に落とし込み、人や国家を対立せしめ、何よりも〝愛〟を喪失させていることに、私たちは気づかねばならぬ。

「甘え＝依存＝人間の主体性の放棄」――それはさまざまな人間の悪と同様、またそれ以上に、私たちが神に捨てられる確実なステップでもあるのである。

「今、世界中で最も日本人の心が病んでいると思う」と加藤諦三氏も言う。心を痛めるものの痛みは同じなのだ。

今私たちが自信を持って生きていくためにどうあるべきか、いま一度、加藤氏の著書から拾ってみよう。


「気にするな、他人の眼を！


他人と自分を比較するところから劣等感や優越感が生まれてくるのは当然だが、実は現代にはびこっている無気力は、他人を気にするところから生まれてきているのだ。

まず、体裁（ていさい）だとか、何とかいうことを考えて人生を決めるから、やがて無気力になっていく。というのは、他人の眼を気にするから、まずもって目的がたてられる。たとえば就職だとか、結婚だとか、大学だとか、そうしたことがまず決定されて、それにあわせて生活を送る。その結果が現代中産階級の無気力だ。つまり結婚してみてしばらくして、なんとなくつまらない、となり、大学にはいってしばらくして何となくつまらなくなる。ポカーンとしてしまう。

それはもともと勉強ということ、愛するということが第一で、そこに大学が、結婚が決められたのではなかったからだ。

もし、勉強が好きで好きで大学にはいったら、ポカーンとするどころか、いよいよ意欲がわくはずなのだ。愛している人と結婚できれば、いよいよ愛しはじめるはずなのだ。

（略）

大切なのは行為なのだ。勉強でも、スポーツでも愛することでも何でもよい。その行為がまずあって、次に目的がでてきたのなら、決して現代のような無気力な時代にはならなかったはずなのだ。

（略）

われわれは最も単純なことに気がつかなければならない。問題は競争相手ではなく、自分自身の人生なのだということを。

（略）

今までの近代化ということが、他人と自分を比較するという曲った意味での近代化であったのを、本来の意味の近代化、つまり他人と比較することのない自分の可能性への挑戦ということにしなければならないだろう。

でなければ人類はやがてノイローゼになるか、他の動物とまったく同じように単なる欲望のかたまりでしかなくなってしまう。

（略）

人間が、安楽を求めるのは希望を失った時だ。

仕事に興味を失うと地位を求める。金を求める。

そしてそれは、生き甲斐——自信という世界から、優越感、劣等感、うぬぼれ、卑屈(ひくつ)の世界への転落なのである。

人間の自信は決して地位や金から生まれてくるものではない。そこから生まれてくるのは、うぬぼれ、優越感だ。それは自信がないということだ。

（略）

つまり、自信とは生き甲斐から生まれてくるものである以上、自己の内部にあるものによって保持されるのであって、自己の外部にあるものによって保持されるものではない。

（略）

人間は自由を得た。そしてこの自由のなかで、ある者は、安易さを求めて堕落し、他人を気にして無気力となり、他人と自分を比較して劣等感をもつ。しかし、ある者は自由のなかで、自分の可能性に挑戦し、他人を気にせずに、自分の能力を生かし、他人と自分を比較せずに自信をもって生きている。

（略）

自信ということが、時々まちがって使われる。試験に受かる自信がある。あいつに勝てる自信がある、というような時使われる『自信』という意味と、自信をもって生きる、人生に自信をもつというような時使われる『自信』とは、意味がちがうべきなのだ。

人生に対する自信、自信をもって生きるというのは、あいつに勝っても、敗けても平気だということであり、試験に落ちても、受かっても平然としていられるということだ。そうなってこそ、はじめてもの静かに落ちついていられるのだ。

（略）

自分に与えられた人生を、他人の人生と比較したりせず、力いっぱい生きている人間がはじめて得られるのが自信なのだ。

（略）

しかしこの自信とは、全力を尽して、自分の力の限りをつくして、ヘトヘトになって、地面の上にたおれそうに疲れているのを歯をくいしばって立っているほど頑張って生きたことのある人だけがもつものだ。

（略）

昔、生死の境を何度もこえてきた大将は、今、世の中のすみっこの方にいって八十才になっても静かに笑っている。

集まりがあって自慢話に騒々しい昔の大将は、かつて生死の境をこえたことのないような連中だ。

僕が自信があるというのは生死の境を越えてきた前者だ。

どんなに世の中のすみっこにいっても落ち着いて超然としている。自信とはそうしたものなのだ。

あるいはまた、どんなに世の中の中心人物になってもおごることがない。自信をもって生きるとはそういうことなのだ。

ケチな成功や失敗、そんなことをすっかりこえたところで、超然と生きている人、それが自信のある人だ」（『自信と劣等感の心理学』加藤諦三、大和書房より）

以上の意見に一つだけ私見を加えておこう。

生死の境を幾度も越えてきたにもかかわらず、尊敬の念などみじんも湧かないような、むしろあきれ果てるような人物が大勢いる。つまり、体験の身につかない人、体験が素通りしてしまう人、「のど元過ぎればあつさを忘れる」人——そのような人物が、世の中には大勢いるのである。

とくに私の驚くのは、戦争体験者が、戦争待望論を唱えていることである。「もう四十数年も戦争がない」と言い、社会学的、人類学的、国際法学的にその必要性を説いている。

これはいったいどう考えればよいのであろうか。いかに真剣にその必要性を唱えられても、戦争は人間の最も愚かしい、知恵のなさの最たるものに違いない。そのような手段をとらなくても、人間がもっと真剣に心を一つにして知恵を出し合えば、幸福になる道、方法は必ず見つかる。

ところが日本ばかりではなく、外国にも戦争待望論者は大勢いる。それらの人々は皆、戦争体験者である。苦しみの体験の身につかないことほど愚かなことはない。貴い体験を重ねていながら、そこから何の教訓も汲み取れず、何の真理をも発見できていない人々には、尊敬の念などみじんも湧かない。

むしろそのような人を見るにつけ、人間の罪の深さを思わされるばかりである。

人生の先達がそのようであれば、後に続くものは必ず迷う。基礎のないものの上に何かを築こうと思っても、それは無理というものである。

迷い、乱れ、混乱に陥り、今にもぶっこわれそうな今の日本の状態も元をただせば日本人の、体験の身につかぬ愚かさの、当然の結果である。

そして加藤氏が危惧するように、日本人の多くの人々は、すでにノイローゼ状態を呈している。

自分の異常さに気づかないのが、本物のノイローゼである。自分の心の冷たさや残虐性、残忍性に気づかないのが本物の残忍である。いまその病の症状は重い。

Ⅲ　文明の終焉

心の盲人――滅びの予感

　顔見知りの青年が、こんな〝難題〟を持ち出した。

「伊豆大島の三原山が爆発しました。阿蘇も桜島も大噴火の気配がありました。先日千葉に行って、一日に幾度も起きる地震に脅かされました。人々の不安が高まっています。東西大国間の核軍縮交渉もはかばかしくないようだし、最近では第三世界の核爆弾開発も進んでいる。世の中、どうなると思います？」

　私は、ぶっきらぼうに答えた。

「すべての文明が終わりの時を迎え、消え去りますよ」

「じゃあ、私たちはどうすればいいのですか」

「死に臨んで心の準備をするときです」と答えた。

　素っ気ない態度に、青年は気を悪くしたらしい。答えるたびに私が、ごく当然だとばかりにっこりと笑ってしまったことも彼を刺激したようだ。

「人類が滅びるのが、そんなにうれしいのですか」

青年はキッとして眉を吊り上げ、鋭い眼で私をにらんだ。

冗談を言わないでほしい。誰が人類絶滅をうれしく思うものか。核爆弾を浴びて死にたいものか。

人類の滅ぶのを喜ぶものはほかにいる。広島や長崎の原爆被害者や、無念のうちに死んだあれほど多くの人々の苦しみを真実わがものと考えるならば、その後の半世紀にこれだけ多くの核爆弾を作り続けるなどという非人間的なことが、できるわけはないだろう。

今日、核を持つ国は、少なくとも十ヵ国以上ある。その威力は、広島や長崎に落とされたものの数千倍である。そして、かつて人類が作り出した兵器の中で、使用されなかったものは何一つないのだ。すべての兵器がまず試され、それから実際に使われてきた。

核だけではない。もっとすごい破壊力を持つ新兵器、信じられないような大量殺りく兵器が、すでに作られている。何のために——私たち人間を殺すために、である。地上の人間をより多く殺すためである。

着々と準備は整えられつつある。これらの事実に私たちは決して目をそむけてはならぬ。恐ろしいことである。かつて人類絶滅を予感させる時代は一度としてなかった。それぞれの国がひそかに核兵器を懐（ふところ）に忍ばせた時代など、人類が始まって以来、一度もなかった。恐るべき〝自殺時代〟に突入しつつあるのだ。私が「死ぬ心の準備を急げ」と言ったゆえんである。

できれば平和な気持ちでのんびりと暮らしたい。私でもそう思う。その日その日を楽しく愉快に暮らせればいいいと思う。

それは大切にすべき願望であろう。しかし現実を直視したとき、そうばかりも言ってはいられないのである。「後の祭り」とならないために、今私たちは何かをなすべきではないか。

最近、私はよく夢を見る。それはもう信じられないほどの壮大なスケールの、火と水の洗礼である。

何による火災かはわからないが、一面火の海の中を、大勢の人々が必死で逃げまどっている。私とて例外ではない。火のあまりの熱さで目が覚め、ショックと恐怖とでしばらくは動けない。何による水害なのかはわからない。おびただしい数の人間が、プカプカと浮きながら、すごい勢いで流されていく――。

私の小さな机の上に、一冊の詩集がある。何気なく開いたページに次のような文章があった。

「原爆が投下されたとき、爆心地にいた。

《われわれ》は、一瞬のうちに蒸発した。そのなかのひとりの影が、石段に焼きつけられている。

鉄が液体になるのは、

一、五三五度。

気体になるのは、

二、四五〇度。

広島に落とされた原爆の中心温度は、

五千万度から一億度だ。

水素爆弾なら十億度以上だ」

どなたが書かれたものかはわからない（今となっては書名も著者名もわからない。わかる方がいたら教えてほしい）。しかし、作者は広島での原爆の体験者である。

長崎も同じことであろう。

人の痛みをわがものとすること、人の苦しみをわがものとすること――人間の真実とはそのようなものではなかろうか。人間の真実とは、それに尽きるのではなかろうか。

たとえば、インドやアフリカで飢えて死にゆく子どもたちや人々の苦しみをわがものとするならば、食べ物に不平不満を言ったり、好き嫌いを言う自分を、あさましいものに思えたことはなかろうか。パンの一片に感謝できない自分を。

もし私たちに人の痛みをわがものとする心がないならば、広島や長崎の悲劇は再び間違いなく、確実に私たちの頭上に降り注ぐだろう。インドやアフリカの飢えは、必ずや私たちの身の上に降りかかってくるだろう。

善に囚(とら)われた〝善〟

キリストを死に追いやったのは、人々の妬(ねた)みと盲目であった。人間の妬みと心の盲目がキリストを死へと追い込んだ。心の盲目は悪である。心の盲目は人間の罪である。最も大きな罪である。

「今の世に、キリストが顕(あらわ)れていたら、二千年前の当時より、もっとひどい目にあっただろう」という意見がある。真実、そのとおりであろう。現代に生きる人の誰がキリストをキリスト（救世主）と見抜きえようか。

二千年前、人々はキリストを憎み、妬み、足蹴にし、つばをかけ、こづき回し、嘲笑、嘲弄し、十字架にかけた。両手両足を釘で打ち刺し、脇腹に槍を突き立てた。血と胆汁を流して、キリストは死んだ。

現代に生きる人間に、キリストの何がわかろうか。神以上のものと成り下がった（成り下がった、という言葉の気に入らない人は聖書をひもといてみるとよい。〝高ぶる者は下げられ、へりくだる者は上げられる〟とある）人間に、キリストの何がわかろうか。

ごう慢と尊大とに覆われたその目で、いったいキリストの何がわかるというのか。自分の秤でしか人は人を量れない。心の盲人には、何一つ見えるものはない。真理も真実も見えない。たとえその眼は開いていても、心の盲人には大切なものは見えない。

心の盲目は悪である。心の盲目は人間の罪である。心の盲目に陥らぬよう、私たちは気をつけねばならぬ。

キリストを死に追いやったのは、人間の妬みと心の盲目だったが、キリスト処刑を遠い昔のこととか、違う国での出来事とか、そのように思わない方がよい。あなたに少しでも人を妬む心があるならば、あなたに少しでも人を見下げ軽んじ侮蔑の心があるならば、あなたは立派な心の盲人なのだから――。

聖書に次のような言葉がある。

自分を義人と信じ、他の人をさげすむものについて、キリストはこんなたとえ話をされた。

「『二人の男が祈ろうと神殿に上った。一人はファリザイ人で一人は税吏だった。ファリザイ人のほうは立って心の中でこう祈った。〈神よ、私は他の人のように、貪欲な人、不正な人、姦通者ではなく、またこの税吏のような人間でもないことを、あなたに感謝いたします。私は週に二度断食し、全所得の十分の一を捧げています〉と。税吏は離れて立ち、目を天に向けることさえせず、胸を打ちながら、〈ああ、神よ、罪人の私をおあわれみください〉と祈った。

私は言う。この人は義とされて家に帰ったが、先の人はそうではなかった。高ぶる人は下げられ、へりくだる人は上げられる』」（ルカによる福音書、第十八章より）

私はこの個所を読むたびに、背筋に冷たいものが走るのを感じる。

週に二度も断食し、全所得の十分の一を捧げ、貪欲な人、不正な人、姦通者ではなく（神に祈っているのだから間違っても嘘ではないだろう）、しかも神に感謝する心を持った立派な信仰者であり、神に祈る心も持った人である。

このような人が自分を義人と思うのは当然ではないか、と思いたいところだ。本人だけでなくとも周りのものだってみんなそう思うのではないか、と思われる。この人の足元にも及ばぬ私は、いつもこの個所を読むたびに、戦慄を覚えるのである。

キリストは「偽善者」を最も嫌った。

「週に二度断食し、全所得の十分の一を捧げ、貪欲な者、不正者、姦通者ではない」そのような人を、キリストは愛さなかった。

〝善〟を行う立派な人を、キリストは愛さなかった。その〝善〟は「偽善」に他ならないからである。善に囚われた〝善〟だからである。囚われを捨てること、執着を捨てること、それが信仰の目的でもある。

善に囚われた〝善〟は、真の善ではない。神に囚われ、神に執着した人の信仰は、真の信仰ではない。

「主よ、主よ、というものが天国に入るのではない」と、キリストは言っている。

神を握りしめ、善を握りしめる人は、それらを失う。あるキリスト教の学校の聖書の先生は、聖書の試験中、生徒が教室に落としていたお守りを、「これは誰のものですか」ではなく、「こんなものに頼るとは」と言って生徒の目の前でくずかごに捨てた。その先生を敬う生徒は、日頃から誰一人いない。

私たちは教団や宗派に囚われ、執着してはならない。それらはあくまでも私たちが学ぶ場所であって、囚われ、執着するための場所ではないからだ。

執着や囚われから生じるものは頑迷さである。その囚われよう、執着が深ければ深いほど、人間の頑迷さ、頑（かたく）なさも大きなものとなる。

ところが信仰者の中には、石のような頑迷さや頑なさを持った人が大勢いる。自分の信仰、宗教、教団のすばらしさばかりを強調し、人の話には一切耳を傾けようとしないのである。宗教者の陥りやすい、心しなければならぬ、そして恐れねばならぬ傾きであろう。

信仰とは、我執（がしゅう）や執着からの脱却である。一切の囚われ、執着を失くすことである。そのために、すばらしい法や教えがあるのであり、法や教えを煎じ詰めれば、この二つを取り去ることに尽きる。

「一切は空である」と釈迦は言った。「真の自由を得るために我執から、執着から解き放たれよ。この世に囚われるべきものは何もない。この世の一切は空である」――そう説くのである。

釈迦やキリストが囚われたものは何一つない。囚われているのは人間である。教団に囚われ、宗派に囚われ、自ら頑迷さや頑なさを作り出しているのは人間自身である。

そのように生きろとは、キリストも釈迦も教えてはいない。二千五百年、二千年前の釈迦やキリストの時代に、教団というものはなかった。

釈迦は八十歳で入滅するまでの四十五年間法を説き続け、草ぶき屋根の大変粗末な道場で、しかも為政者に迫害され、転々と場所を替え、ときには野原や山中で法を説くこともあった。

キリストも同様である。

たくましい身体にボロをまとい、裸足で大地に立つキリストのイメージ以外は絶対に浮かばない。

ぞろぞろと大勢の人々がイエスについて回る。日が暮れても人々はイエスの側について回り、帰ろうとはしない。

イエスが弟子たちを呼び、

「私はこの人たちがあわれでならぬ。もう三日も私と共にいる。中には遠い所から来ているものもいる。この人たちに食べ物をやりなさい」

と言うと、

「私たちには五つのパンと二匹の魚があるだけです。主よ、人々を帰らせてください、付近の村か農家で宿と食べ物を求めさせてやってください」

と弟子たちが答える。

キリストの奇蹟によって、五つのパンと二匹の魚は大勢の人々に分け与えられ、人々が飢えることは決してなかった。

またあるときキリストが、

「子らよおかずの魚があるか」

と言うと、彼らは「ありません」と答えた。

「舟の右の方に網(あみ)を下ろせ。そうすればとれるだろう」

そうキリストが言い、思いがけない大漁に弟子たちは喜んだ。

「今とった魚を幾匹か持ってきなさい」

そう言って炭火の上で魚を焼き、キリストは弟子たちと共に食べた。「イエスはパンを取り、彼らに与え、魚もまた与えられた」と聖書にある。

パンとブドウ酒と魚以外、聖書には一切出てこない。貧しく、質素な、ただ生きるに必要な食料以外、出てこないのだ。栄耀栄華、ぜいたくを貪(むさぼ)っていた人々の大勢いた当時、キリストのそうした生活は最後まで変わらなかった。

釈迦とキリストの一生を振り返るとき、最後の最後まで続く凄絶な肉体と精神の苦悩、苦痛は共通のものである。それらの一つひとつを思い起こすとき、いつも私は涙せずにはいられない。

それらの犠牲の上に立った教えや愛であること、永遠の教えと愛であることを、決して忘れてはならない。

「自灯明」「法灯明」。「私の死後は『自分』をよりどころとし、『法』をよりどころとして生きていけ」――釈迦はそのように言った。あくまでも「自分自身」と釈迦の説く「法」と「教え」を灯とせよ、というのである。

「釈迦自身」を灯として生きていけ、などとは教えていないところに留意していただきたい。甘えてはいけないのだ。「法」を「教え」を頼りに、私たちはあくまでも一人立ちし、一人で生きていくべきなのである。

「私に向かって、主よ、主よ、と言う人が天国に入るのではない」とキリストは言った。これもまた、私たちが甘えてはならぬという戒めである。

佐治氏によると、出口王仁三郎教祖もこう言っている。

「――それだけに〈火の洗礼〉ないし〈最後の審判〉について、人間が神の愛に甘えることを憂えていた」

私たちに必要なのは、釈迦の教えであり、「法」であり、キリストの教えであり、「愛」である。私たちがキリストや釈迦になすべきことは「感謝」と改心のための「お詫び」、ただそれだけであり、それ以外の一切のものに囚われてはならない。

甘え、依頼心、自主性の放棄。人間関係のみならず、それら一切を、神仏に対しても行ってはならぬ。

宗教者の間でよく耳にする言葉がある。

「あなたのために」である。

「あなたのために、あなたへの愛のために」一生を捧げたり、犠牲を払ったり、「あなたのために」善いことをしたり、「あなたのため、キリストや釈迦のため」と言いつつ、ありもしない愛を無理やり作り出すために必死の修行や努力をしたり。これが偽善でなくて何であろう。

釈迦やキリストのために私たちがあるのではない。私たち人間のために、釈迦やキリストがあるのである。にもかかわらず、信仰の名に安住している宗教者の中には、考え違いをしている向きがある。恩着せがましいものなど〝愛〟ではない。

〝愛〟とはそのように押しつけがましく、恩きせがましいものではない。そのような偽りの愛など、釈迦もキリストも求めてはいない。

「情けは人のためならず」とは至言である。人に親切にし、愛をかけ、やさしくすること、これはすなわち、人や神仏のためなどではなく、すべて自分のためなのである。

教団や組織、宗派の有無、地位や名誉や財産の有無、いま神はそれら一切のものを問われない。私たちが問われるものは、魂だけである。自分の持った魂、その精神的生きざまである。偉い宗教者であろうと大金持ちであろうと、そのような差異は問われるところのものではない。

「狭い門から入れ、亡びに行く道は広く大きく、そこを通る人は多い。しかし、いのちに至る門は狭く、その道は細く、それを見つける人も少ない」

キリストはこう言った。

安楽、享楽、むさぼり、甘え――それらへの道は広く大きく、真理に至る道は細く険しく、それを見出す人は少ない。いのちに至る道を見出す人は少ない、そうキリストは言う。

「父が完全であられるように、あなたたちも完全な者となれ」

キリストはこうも言った。〝人間なのだから〟という一切の甘えの許されない道がこれである。人間だからこそ、それが自分を幸福にする道であり、永遠のいのちに至る道である。キリストはそのように言っているのだ。

それゆえにこそ、信仰というもののあり方を、そしてまた私たちの生きざまが、今日ほど真剣に問われている時はないのである。

死期が迫ったとき、キリストは弟子たちに向かってこう言った。

「もう私はあなたたちのために父に祈るとは言わない。父御自らあなたたちを愛し給うからである。

私が去るのはあなたたちにとって良いことである。私が去らぬなら、あなたたちには弁護者が来ないからである。しかし去ればそれを送る。

そしてその方の来るとき、罪について、義について、審判について、この世の過ちを指し示すであろう。罪についてとは、彼らが私を信じないからであり、義についてとは、私が父のもとに行き、あなたたちはもう私を見ないからであり、審判についてとは、この世のかしらが審判されるからである。

私にはまだあなたたちに話したいことがたくさんあるが、今あなたたちはそれに耐えられぬ。だが、その方つまり〝真理の霊〟の来るとき、霊はあなたたちをあらゆる真理に導かれるであろう」

「自灯明」「法灯明」そして「真理の霊」、これ以外の何ものにも今私たちは囚われ、執着してはならぬ。

そしてまたゲーテの言った「神がどこに、どのように啓示されるかを観る」こと、それが神を観ることのできない私たちにとって、唯一神を観、神を認識できる方法なのである。

「自分を知れ、愚鈍を知れ」――京の寺で

九州・久留米のA寺というお寺に、滋賀県から一人の僧侶が訪れた。山脇秀候和尚である。お目にかかるのはもちろん初めてであるし、お寺でお説法を聞くなどということは、生まれてこの方、初めてのような気がする。

ありがたいお説法を聞かせてくださるお寺もあるのかもしれないが、私の周囲でもそのような話はあまり聞かないし、一般にお寺とか僧侶といえば、お葬式に来ていただき、お葬式のときだけお世話になるものだ、という認識からどうしても脱しきれない。

先だっては、京都のお寺で二日間ありがたいお説法が聞けるということであったので、私は京都へと飛んで行った。ある大きな宗門の本山のお寺の催事であった。私は期待に胸おどらせながら京都へと向かった。

何もかかわりのないものが、そのような立派なお寺に勝手に入ることなど決してできはしないだろうし、観光目的の入山でお説法を聞いたことはないし、京都のお寺、お説法、と聞いただけで私の胸は高鳴った。

しかも仏教とはかかわりのない人でさえ知らぬものはいない大きな宗門の本山である。生まれて初めての経験に、私の期待は大きかった。

古いけれど、それは立派な見事な建物であった。十数人の神々しいお坊様方の往来されるのを、いささかまばゆい、そして恐れおおい気持ちで眺め、ノートと鉛筆を用意してお説法の始まるのを、息をこらして待っていた。

今もって理由はよくわからないのだが、多分私の期待があまりにも大きすぎたのか、ノートには二、三行何かを書いただけ、朝から夕方まで一日いただけで、あくる日のお説法を聞くのを取り止め、次の日一日、私は京都のあちこちを観光して回った。

数年前まで月に二回は京都へ行く用事があり、京都の町は勝手知った場所であり、今回改めて観光して回ろうとはまったく考えてはいなかった。しかしそうする他なかったのである。

一日座っていた私の頭に残っているものは何もない。記憶に残ったものが何もないのだ。ノートはまっ白のままであった。

高僧の説法を聞くために全国から集まった人たちが三十名ほどいた。この集いには年齢制限があり、全員が四十歳未満の人たちである。二十代が少しの他は、三十代が圧倒的に多く、女性は四、五名で、ほとんどが男性であった。

しかも私のように暇な人間は例外で、皆勤めを休み来ている人たちばかりである。

一日目の終わりに近い頃、私は独りの男性に尋ねてみた。

「何か学ぶところがありますか、勉強になったことがありますか」

このような質問自体が間違っているのかもしれないが、何か自分だけがもしかするとおかしいのではないか、どうしても腑(ふ)に落ちず、尋ねてみたのである。が、その人は「さあー」と言っただけであいまいに笑い、ますます私は腑に落ちなくなってしまった。

そんなことを経験していたから、さほど期待してもいなかったのだが、A寺にお見えになった山脇和尚は、すばらしいお方であった。

五日間お説法があった。私はあらかじめ「一日だけお邪魔させていただきます」とA寺に申し込んでいた。私はそのお寺の門徒でも、その宗派の信仰者でもない。しかしそのように言いながら、結局ほとんど毎日行った。

Ａ寺の御住職がきっと笑っておられるだろうと思ったが、それでも行かずにはいられなかったのである。私よりもっと極端な人もいた。その人は檀家であったが、「御挨拶にだけ伺います」と言っていながら、私などよりもよほど熱心に、五日間一日も欠かさず、夜のお説法にまで聴き入っていた。

五日間のお説法は、聴く人を笑わせ、涙させた。むずかしい言葉を噛み砕き、名説法は続いた。そして何よりも私たちは山脇和尚の人間的人柄、その魅力に引きつけられた。

説法は、「人間にとって最も大切なことは自分を知ることです。自分自身を知ることです」という言葉で始まった。

私は説法の間中、山脇和尚を眺め回していた。説法というよりも、そこから滲み出てくる雰囲気、かもし出される雰囲気が私を魅了した。

「浄まったお方というのはこのようなお方のことをいうのだろうなあ」

「これはきっとすごいお方だ。浄まったお方でなければあのような雰囲気は出せるものではない」

「このお坊様の前世は、もしかすると良寛和尚ではなかろうか」

などとどうでもよいようなことを私は考えていた。

気がつくと和尚は、「良寛和尚」と大きく書いたものを目の前にして、にっこり笑っておられる。

かなり高度な教義が展開されている最中であった。

人間の三毒煩悩は「貪・瞋・痴」である。「貪」とは貪欲、欲ばりであり、「瞋」とは瞋恚、腹立ち、怒りの心であり、「痴」とは愚痴のことであり不平不満を言うことである。私たちはこれらのことをそれほど悪いこと、害のあることと思ってはいないが、それらを必要以上に募らせると、それは人間の苦となり、争いのもととなるのである。人間の煩悩となり、炎となることがある。貪欲の炎、怒りの炎、足ることを知らないあくなき欲求、愚痴、不平不満の炎。よってこれらを人間の三毒煩悩と呼ぶ。

また仏教ではこの世は苦であると説かれているが、苦には四苦八苦があり、四苦とは生老病死のことであり、その上に愛別離苦（愛するものと別れねばならぬ苦しみ）、怨憎会苦（怨み、憎しみを持つ人と会わねばならぬ、顔をつき合わせねばならぬ苦しみ）、求不得苦（求めても得られぬ苦しみ、欲しいものが手に入らぬ苦しみ）、五蘊盛苦（盛んなるがゆえの人間の苦しみ、その五つの要素、色・受・想・行・識から生じる苦しみ）――これをもって八苦という。

そのような教義解説の中に、いきなり良寛和尚が出てきたのである。

「わしゃー、この方の話をするのが一番楽しい。このお方の話をするのが一番うれしい。良寛和尚の話をするのが、わしゃー何よりも一番楽しい」

と、和尚は本当に楽しそうである。

「良寛上人は越後国上山（くがみやま）の五合庵に四十九歳から五十九歳まで住んでおった。あるとき弟の由之が息子〝馬之助〟に、この名前があかん、馬之助という名前があかんと、その放蕩にほとほと手を焼き、兄さんから意見してやってくれと頼んだ。弟の家に行って泊まったが良寛和尚は一言も馬之助に何も言わんかった。

あくる日帰ろうとしてわらじのひもを結ぼうとするがうまく結べない。もう六十を過ぎ良寛和尚も歳を取り、手がいうことをきかずうまく結べない（文政の頃の六十代である）。弟・由之が馬之助に結んでやれと合図をする。馬之助がかがみ込んで良寛和尚の足のひもを結んでいると馬之助の手の上に、ポトッと一つ涙が落ちてきた。

良寛和尚は振り向きもせずとぼとぼと歩いていった。その目からはボロボロと涙がこぼれておった。

『長男のわしが跡を継がなんだばっかりに、総領のわしが跡を継がなんだばっかりに』良寛和尚の目からはボロボロと涙がこぼれておった」

和尚の涙

初日の一日目、山脇和尚は十五分くらいの教義の後、突然教義を止め、自分の生い立ちを話し始められた。

久留米の草野の在の、何とかいうお寺の近くで生まれられたこと。五人の兄弟がおり、お父さんが早くに亡くなったこと。当時お母さんはまだ二十代であり、一番末の子どもは乳飲み児であり、お母さんはわらじを作り、それを売って歩いて子どもたちを育てたこと。

「わしゃー母親のこと話すと、いつも涙が出ますんじゃ」（涙、しばし絶句）

「ビルマに一番仲の良かった親友と四年間戦争で行っておった。その友人は母一人子一人の一人息子であった。その子のお母さんは息子が戦争に行っとる間毎日毎朝お百度を踏み、どうか息子が無事に帰りますように、そう願って雨の日も雪の日も一日もお参りを欠かした日はなかった。一人息子の無事を祈ってお母さんは毎日お参りしてはった。

その友人が自分の目の前で死んだ。脳みそが飛び出し、頭をこなごなにやられて死んだ。ビルマは玉砕やった。（私の叔父も二十七歳でビルマで戦死した。指が一本送られてきたが、誰のものだか、と祖母と母が言っていたことがある）」

彼の身に着けていたものを持って山脇和尚は久留米に帰ってきた。それを持って友人の母親のところへ行き、差し出すと、少しずつ少しずつ母親の顔が赤くなってきた。しまいにその顔が真っ赤になった。

「あんた、よう逃げ回りなはったな、卑怯にもよう逃げ回りなはったな」とその母親は言った。

「このお母さん、ようわしのこと見てはりますわ。わしゃほんまに逃げ回っとった。そりゃー恐ろしいでっせ。わしゃ戦う気いなんか全然なかった。ずーっと逃げ回っとった」（生きて帰ってきたものが白い目で世間から見られるような、そんな時代であったらしい）

「久留米にいるのがいたたまれなかった。ちょうどその頃、滋賀の山奥の今にも朽ち果てそうなぼろっちいお寺で、跡継ぎをさがしておった。

行ってみると今にもぶっ倒れそうなお寺で、痩せこけて貧相な坊さんがおりましたわ。わしも貧相やけど、もひとつ貧相な坊さんでしたわ。子どもを三人ぐらい結核で亡くしたとかで娘が一人おるだけの、そりゃあひどい寺でしたわ。

こんな寺に出てくれはりますか、こんな寺ですが、来てくれはりますか――坊さんのその言葉を聞いたとき、わしゃ決心しましたんじゃ。婿養子になることを、坊さんのその言葉で決心しましたんじゃ。

養子に来るかわり、一万円いただきたい、すぐに一万円をいただきたい、そう言いましたんじゃ。ちょっと待って下され、と一万円のお金をどこかからかき集め、坊さんはわしにくれた。それを持ってわしは急いで久留米に帰ってきた。滞納していた学校の月謝を全部それで払い、残りの金で好きな酒を一杯だけ飲んだ。

そうして無事に学校を卒業したわしはその寺に婿養子に行きましたんじゃ。滋賀の寺に婿養子に行く言うたときの母親の顔、あのときの母親の顔をわしゃ今でも忘れません。（涙、絶句）

長男のわしがいなくなったばっかりに……。

長男のわしが家を出たばっかりに……」

これは初日の日に聞いた話である。

三、四日後に聞いた良寛和尚の言葉――。
「長男のわしが跡を継がなんだばっかりに、総領のわしが跡を継がなんだばっかりに」この言葉を聞いたとき、「ムムッ、これはいったい何だ」と思ったものである。

〝焚くほどは風がもてくる落葉かな〟という一つの歌と、子ども好きで、よく子どもたちと遊んだ、ということ以外、私には良寛和尚についての知識はなかった。

この講話に接した後、改めて私は水上勉氏の著作『良寛』（中央公論新社）を読んだ。すさまじい、凄絶な良寛和尚の生きざまに圧倒され、息つく間もなく読み終えた。

そこに流れる一貫して変わらぬ良寛和尚の生きざまは、大愚の人良寛和尚であり、愚鈍の人良寛和尚というにふさわしかった。高き精神の人のみが持つ、偉大なる魂の人のみが持つ、「大愚」と「愚鈍」とに徹し切った、すさまじいほどにもそれに徹し切った、凄絶な、非凡な生涯である。


山脇和尚のお説法は、繰り返し繰り返し「自分を知れ」「自分の愚かさ、愚鈍を知れ」と言っていた。

自分自身を知り、人間の弱さや自分の愚かさ、愚鈍に目覚め、認めない限り、人は決して神仏を求めたり、信仰や真理や真実というものを求めはしないだろう。

生きるということ、人生というもの、また人間の究極的あるいは根源的〝生〟の目的、目標、課題は、「自分を知る、己を知る」、そのことに尽きる。

自分自身を知る能力がないならば、他人を知る能力はない。自分を把握できないものに、他人を理解し、他人を正しく知ることはできない。

己の心、を見つめることのできないものに、他人の心を見つめることはできない。自分のゆがんだ心で人間を、世間を見るならば、それらはすべてがゆがんで見える。自分の心の実想のままにすべては映し出される。

また、自分の心に興味のない人間は、他人の心にも興味はない。

「自分を知る」ことに興味のない人間は、「他人を知る」「理解する」「人の気持ちをはかる」ことにも興味はないものである。

五日間の山脇和尚のすばらしいお説法は、「自分を知れ、愚鈍を知れ」で始まり、そして最終日の日、「人間にとって最も大切なことは自分を知ることであります。愚鈍を知ることであります」という言葉で締めくくられた。

この言葉は皮相的な仏教の教義ではなく、山脇上人自身の言葉であり、上人の心、魂から出たものであるだけに強い説得力を持っている。

心貧しきもの――若者たちの荒んだ心

高校三年生の男子生徒が教師を殴った。彼は自分が殴られたと同じ強さのパンチで、教師を殴ってしまった。何かあるごとに、ささいなことで殴られ続けてきたことへの怒りの爆発した結果でもあった。

彼らの級友の一人が教師に呼ばれ、教室に帰ってきたとき、誰もそれが彼であるとわかるものはいなかった。顔が原形をとどめぬほどに変形してしまっていたからである。教師に殴られて顔中腫れ上がり、口からは血を流していた。教師の恐るべき暴力——私が直接目にした私立高校の実態である。

それより少し前から、噂に聞くことは聞いていた。が、聞きしにまさる恐るべき実態である。「誰々、ちょっと来い」とにっこり笑いながら生徒を呼ぶ。職員室へ呼びつけ、他の教師の目の前で、顔が変形し口から血が出るまで思い切り殴り続ける教師の日常。

一切の言い訳、弁解をはさむ余地を許されず、ただ彼らは黙って教師の暴力、恐るべき暴力に耐え続けてきた。その末の、先の事件である。

教室だけではない。野外活動においても教師の暴力は容赦なく彼らの上に浴びせられ、耐え続け、不当な暴力に怒り心頭に発した彼らは、ついに教師に暴力で挑むことになった。

不当な暴力に耐えかねた彼らは今、教師たちに暴力で挑んでいる。教師と生徒の死闘が教室で、運動場で繰り広げられている。恐るべき惨状ではないか。なにしろ教師は木刀を持ち歩き、自分の身から離さない。

オーストラリアから来た外国人の英語の教師が、あまりの惨状に仰天しているという。生徒が先に手を出した例はない。教師の生徒への暴力が先なのだ。新しい、若い先生が入ってくると、校風にならうのか、まず生徒への暴力を覚え、必ず皆実行するのだそうである。

これも近所での出来事だが、二、三分で済む用事だからと車の鍵をつけたままにしていた人が、その二、三分の隙に車を盗まれた。その車は遠いところに乗り捨ててあるのが発見された。

近くの子どもの家では、子どもの友人が遊びに来ていて帰ろうとしたら、新品の自転車がなくなっていた。交番に届けたが、今もまだ出てこない。

中学の教師はロックしていた車の中から腕時計を盗まれた。私の知り合いの男性は数日前、免許証、サイフ、印鑑、重要書類の入ったバッグを、しっかりとロックした車の中からそっくり盗まれた。

盗難はいまや日常のこととなった。誰がするのかわからないが、罪の意識をまったく持たない、善と悪の区別のまったくない、そんな人たちが増えてきたことだけはたしかである。

もう一つ、不気味な現象がある。いたずら電話である。日に数回はかかってくる。数年前からの現象であるが、うちだけでなく周囲の広範囲にわたって被害が出ている。だんだんとエスカレートし、いたずら電話と笑って済ませてもいられなくなってきた。

一日数回は必ずかかる。こちらが切るまで沈黙しているか、意味のわからないテープのようなものを回す。昨夜も夜中の二時に電話が鳴り、出てみるといたずら電話である。この原稿を書いていて起きていたため、もしかしてどこからか見られているのでは、と薄気味悪かった。

おそらくおとなの仕業であろうと思うが、先日は小学生か中学一年ぐらいの男の子の声で、何か意味のわからないことを早口にまくし立て、ガチャンと切った。一瞬呆気にとられ、唖然としてしまった。

だんだんとエスカレートしてきた最近のこれらの現象に、怒り心頭に発して「警察に訴えますよ！　警察に！」と叫んだ知人がいた。相手が誰であるのかわからないので本当は訴えようがないのだが、そう叫びたい心境である。

日に数回も不意に訪れるこれらの異常な現象には、何かの忍び寄る不気味さを感じる。

そういえば、殺人の話を最近二つ聞いた。何か不気味な、恐ろしい世の中に思えて仕方がない。私の故郷は、住む所は、日本は、世界は、このまま行けばいったいどうなるのか。

若い男女の高校生が二人、家の近くでオートバイの運転を誤り、即死した。中学生が朝の登校途中、死んでいた。二十年来の知人が相次いで二人死んだ。そしてまた一人。

死というものが決して遠い先のことではなく、誰にとっても、年齢にかかわりなく訪れるものであることを、私たちは目の前に見て、知っている。

「一日一日を大切に生きよう。今の今を大切に、一瞬一瞬に全エネルギーを傾けて精いっぱい生きよう」

それが私たち友人の間での合言葉となってしまった。

どちらを向いても深刻な問題ばかりが続発している。笑いさざめいた、かつての平和な日々が嘘のように、私たちの間でも深刻な問題ばかりが起こる。それだからこそ、互いに笑顔を忘れないように「一日一日を大切に、今の今を大切に」と互いに声をかけ合っているのだろうか。

強くなければならない

本荘可宗（ほんじょうよしむね）の『無』という作品の中に、私の好きな文章がある。

「俺は強くなければならぬ、もっと強くならなければならぬ、こういう呟（つぶや）きを人は何度心の中で繰り返すことであろう。あるときは恋愛の悲しい破滅、あるときは功業の虚しい幻滅、またあるときは、将来への頼りなき寂しさ。そういう中で、自らを励ますために、この呟きを何度心の中で繰り返すことであろう。

人は、苦難の中で、不遇の底で、または長い心の疲労の後に、幾度か、崩れかかろうとする自らの心の身繕（づくろ）いを新たにし、それを起ちあがらせて、新しい道を、光りを、希望を、求めてゆかなければならぬ。

まことに、生きてゆくということは何らかの意味で、現実に挑みかけてゆくということである。生とは存在に働きかけてゆく力そのものの外にない。苦難の底にあって、虐遇の真ん中にあって、ただ自らの持てるありたけの力を出して生きてゆくということ、これだけで生の意義はまっとうされている。言うまでもなく働きそのものが生である。働いた跡も働く前も、共にすでに生そのものではない。それは生の足跡にすぎぬ。跡に何が残ったか、跡にどういう仕事を残したか、ということは、生の本来的意義に何の関わりあることではない。足跡は、生そのものの価値を決めるものではない。

ただありたけの力を出したということは、そのまま、やがて自らの生をありたけに表現したということである。持っているだけの力を隈なく現出していったということそのことだけで、人は自らの生の意義をまっとうしているのである。

生とは、不断に自らを現実へ表現してゆくことである。（略）その形が、円くあれ、歪んであれ、それは問うところではない。

したがって絶え間なく、自らを顕わしてゆくこと、現実へ働きかけてゆく力、それを失うことは、まさしく死である。ここにおいて、闘いに疲れて倒れようとするとき、悲哀に打ちのめされて崩れかかろうとするとき、人は自らの心に向けて俺はもっと強くなければならぬと喚ぶのである。それは断末に際して、生を取り戻すべく心に向けて吹きつける熱い息吹きである。

（略）

そういう呟きを何度、繰り返しても、『俺』は決して強くなりはしない。（略）

俺は強くならなければならぬという意識の跳躍ではなく、真実に自分を強く育ててゆくようにするには、いかにしたらよいであろう。

ただ、悩みによって、自らの魂を洗い、悲しみと、疲れと寒さとの中で、自らの心を育ててゆくだけである。悩みの中においいて、その悩みを脱しようとするもがきそのものによって、心は新しい、本当の悦びがなんであるか、はたとそれに出くわす。そしてそれを知ってくる。悲しみと寒さとに打たれ虐まれていることそのことのなかにおいて、新たな力と悦びと望みとは小さい芽を膨らませてゆく。

人の心は、一度は死なねばならぬ。人は一度は自己を否定せねばならぬ。知者は、本当に生きるものは、いつも絶望と断念のさなかから新しい希望と力とをうなずいてくる。死と自己否定の真ん中より新たに自己を見返す時はじめて、自己はもはや不安や苦悩を終えた自己である。

（略）

悩みと絶望と不安とを通さぬ自己はしょせん『単なる自己』である。浅薄なる自己肯定である。

（略）

真実の朗らかさと、努力とは、ただ絶望のどん底からのみ生まれ出てくる。寂しみに洗われて後にようやく現われてくる。こういう努力や朗らかさには、もう将来に不安や寂しみの問題は残っていない。それらは解決され経由されているからである」

私はよくこの本を取り出し、幾度も繰り返し、同じ個所を読む。

苦諦と山上の垂訓から

「人生は苦である」と釈尊は言った。正直、この言葉に抵抗し、逆らいつつきた私の半生であった。

「楽」であると思い込む安易さが、いかに自分自身を軟弱なものとしてきたか、つくづくと思い知らされるこの頃である。

人生は「苦」である。「苦」であった。「楽」ではなく、釈尊の言うとおり、まさにこの世は苦であった。

「苦諦」。苦を苦と感じないものとなれ。苦が人間に永劫に付きまとうものである限り、苦を苦と思わぬこと、それが苦を克服する唯一の道である。逃げてはならぬ。苦を直視し、見据え、正面から苦と対決せよ。この世は苦界である。苦が常態である。逃げることなく苦に立ち向かっていけ。

「理性の悟り」「力」によって苦を凝視し、立ち向かっていけ。それが苦を苦と感じない、苦から解き放たれる唯一の道である。

人間にとって苦の尽きる時はない。人間が苦から逃れられる道はない。

生は苦である。老は苦である。病は苦である。死は苦である。怨(うら)み憎むものに会うのは苦である。愛するものに別れるのは苦である。求めるものの得られないのは苦である。

すなわち人間の存在すべては苦である。天災地変の苦しみ、飢饉(ききん)や疫病の苦しみ、人間世界に苦の尽きる時はなく、またこれを逃れる道もない。

「苦を常態」と思え。間違っても「楽」を常態などと思ってはならぬ。〝苦〟を苦と思わぬ心、苦を直視し、見据え、理性の悟りと力、決して人間の意志の強さ、弱さではない、あくまでも理性の悟り、力によって逃げることなく苦に立ち向かっていけ。それが唯一「苦」から解き放たれる道であり、方法である。――そのように法華経には書かれている。

軟弱なこの精神を、これらの言葉をしっかりと噛みしめて、自らをムチ打ちながら逃れることのないよう、苦を見据えていかねばと思う。

そしてまた、真実自分を強く育ててゆくために、「悩みによって、自らの魂を洗い、悲しみと、疲れと寒さとの中で、自らの心を育ててゆく」。釈尊が説くように、それらはまた、人間の単なる意志の強弱ではなく、「理性の悟り」「理性の力」とによってなされるべきものなのであろう。

聖書には、次のような言葉がある。

「心の貧しい人はしあわせである、天の国は彼らのものである。（注・「心の貧しい人」とは物質的にも貧しく、精神的にも金銭の富を求めない人のこと）
柔和(にゅうわ)な人はしあわせである、彼らは地をゆずり受けるであろう。

悲しむ人はしあわせである、彼らは慰めを受けるであろう。

正義に飢え渇く人はしあわせである、彼らは飽かされるであろう。

憐(あわれ)みのある人はしあわせである、彼らも憐みを受けるであろう。

心の清い人はしあわせである、彼らは神を見るであろう。

平和のために働く人はしあわせである、彼らは神の子らと呼ばれるであろう。

正義のために迫害される人はしあわせである、天の国は彼らのものである」(マテオによる福音書、第五章より)

キリストはこのように教えた。

「心の貧しいもの」とは、心の狭い人、狭量な人、こざかしい人、ずる賢い人、そのような人たちのことではない。聖書の解釈には〝物質的にも貧しく、精神的にも金銭の富を求めない人〟と書いてある。

物の豊かさではなく、足ることを知った、貧しくとも心豊かな感謝の心を持った、そしてむやみに金銭の富を追い求めない、そのような人たちのことである。

「天国は彼らのものである」とキリストは言う。

「金持ちが天の国に入るよりは、らくだが針の穴を通る方がやさしい」「金持ちは天国に入りにくい」

とも言っている。見失うものが多いゆえではなかろうか。人間の性として、富を持ったがために大切なもの、真理や真実や、神仏を、人間にとって最も大切なものを見失ってしまう恐れがあるからではなかろうか。

たとえ物質的に貧しくても、金銭の富を追い求めなくても、妬みや羨望や嫉妬や世をすね、ひがんでいるようならば、天の国は無理だろう。富を持った人と同様、天の国は難しいだろう。真実の「心貧しい人」にはほど遠いからである。

何よりもまず、神仏のない人には、天国もないだろう。たとえ神仏があってもただ頼るだけの、願い事をするだけの、自分の困ったときだけの神仏であったり、一人よがりの信仰や自分のエゴを満たすための欲望を満たすための神仏であるならば、やはり天の国は難しいだろう。

「天国に入れる人は少ない」とキリストが言うゆえんである。

「入ろうと努めても入れない人が多い」というキリストの言葉に従うなら、天国とは厳しいところのようである。簡単には入れないようだ。

「主よ、救われる人は少ないのですか」とある人が尋ねたのに対して「狭い門から入るように努力せよ。私は言う。入ろうと努めても入れない人が多いとキリストは答えている」

「狭い門」つまり厳しい道、楽に通れる広い門ではなく、狭く通りにくい、険しい道、多くの人々が避けて通る狭く険しい門、その門から入るように努めよ。それが天の国に入る道であり、そこへ入ろうと人々は願っているが、入れる人は少ない――そのようにキリストは言うのだ。

狭い門とは真理に至る門でもある。狭く、厳しく、険しい道は、真理に至る道である。「真理を見出す人は少ない」とキリストは見抜いている。

唯一の道

亀井勝一郎氏は『絶望からの出発』という著書の中で、〝祈り〟について次のようなことを書いている。

「どんな言葉でも長いあいだ使われていると、手垢にまみれてふやけてしまうものだ。たとえば『愛』とか『祈り』など、その代表といってもよかろう。何か大切なものが失われてしまったらしい。『愛』からは『正義』が失われ、『祈り』からは『意志』が失われたといったらどうだろうか。

人間の自力にはむろん限界があるが、祈りとは限界突破のための祈りであり、持続する意志の力である。古風な言葉だが、『人事をつくして天命を待つ』といったときの人事をつくすことだ。天命を待つことに媚びてはならないということだ。媚びのあるところ祈りは転落する。換言すれば、祈りはこのときは投機心にかわってしまうということだ。（略）

実は私がこんな題を選んだのは、ある意味で現代ほど祈りの盛んな時代はないからである。戦後続出した新興宗教の信徒の総数は、数百万に達するのではなかろうか。私たちの同胞の少

なからぬ部分が、なぜかくも祈りの世界に参集するのか。（略）
――極端に現世利益的性質を帯びている部分に、そのことがはっきりあらわれている。いわば意志喪失者の『待つ』だけの心、『奇蹟』にすがる心、そこに金銭がからまって、宗教が商業化さえしていることは周知のとおりである。
私は他人の信仰の内部には立ちいりたくない。それがどんなものであっても、そうせざるをえなかった切実さはあるにちがいないのだから、無作法な態度はとりたくない。どうかして生きたいという人間としての、基本的欲望からくる一筋の祈りはあるにちがいない。ただおそろしいのは盲目状態だ。閉じこめられた世界の中での自己安心だ。『意志としての祈り』という言葉を用いたのは、祈りから、もたれかかる心を一掃しなければならぬと思うからである。
祈るとは、祈るに値しない自己を確認することではないか。自己に関するいかなる幻想も、そこにあってはならないはずである」（大意）
「祈るとは、祈るに値しない自己を確認することではないか。自己に関するいかなる幻想も、そこにあってはならないはずである」
と亀井氏はいう。真実の言葉であろう。
「あなたのため、あなたへの愛のため」という言葉をもって祈るなどとんでもない間違いであるし、一人よがりの祈りや、一人よがりの信仰など、すべては人間の盲目から来るものである。

そのような信仰など、むしろ持たない方がよい。無神論者も盲目の信仰者もまったく同一の存在というべきだろう。

人間はただ一人で立ち、何も持たず自らを頼りに生きていくのである。一人で戦って生き抜くことが何よりも厳しい、しかし唯一の道である。

もたれ合いの自己安心、自己安全という閉じこもった世界から抜け出て、一人世にもまれ、世の汚濁にまみれ、それでも己れを見失うまい、清くあろうとして世と戦い、ただ自らのみを頼りとし、一人立ち、生きるには、すさまじい努力を要求される。

あるときは振り落とされ、振り払われ、それでも必死で立ち上がり、よろけながら、涙で顔中を泥だらけにし、それでもなお必死で立ち上がって生きるのである。

もたれ合いの信仰は、真実の厳しさを放棄した人間の逃避であって、そこには真実の信仰と呼べるものはない。厳しさを放棄したところに真実の信仰はないのだ。

一人よがりの、現世利益のみを求める人間のエゴと欲望、あるいは神仏に恩を着せ恩を売る人間のごう慢、さらには度しがたい頑迷さ——それらが渦巻いているだけである。

エゴや果てしのない欲望や慢心を培うための信仰や神仏の存在ではないことを、私たちは自らに言い聞かせる必要がある。

そのためにも私たちは、一人ひとりに正しく立ち返らなければならない。〝我〟に発するすべての殻を打ち破り、立ち返るべきなのだ。

自他共に偉大と認める人も、偉大な宗教家も、それぞれが個人に立ち返り、自ら大地に足をつけ、その上で自分の生きざまを生きるべき時である。原始、キリストや釈迦がそうであったように――。

今、宗教教団の果たす役割は何もない。破滅の瀬戸際に立った人間に、世界に、宗教教団の果たす役割は、もはや何一つない、と私は思う。どのように頑張ろうと、この破滅をくい止めることは、いかなる宗教教団にも出来はしない。

むしろ間違った教団が間違いに気づかぬままでいることの罪は深いと言わざるをえない。たとえどれほどすばらしい教えであっても間違った方法、導き方を取る人間の集団は、教団に所属しない一般の人々よりも、はるかに罪が重い。

神を知りながら神を自分本位に利用する組織の方が、神を持たず、しかし純朴に謙虚に、ささやかに日々を感謝して生きる人たちよりも重い責めを負うべきである。

死生観――正義のために怒れ

もう一つ、先の亀井氏の著書の中にこのような文章がある。

「すべての宗教も道徳も『怒るなかれ』と教える。怒りは嫉妬や虚栄や野心や復讐心に発していることはたしかだ。しかしそのいずれにも煩(わずら)わされない、『純粋の怒り』というものがあるにちがいない。正義のための怒りである。自己の不幸を嘆きつつ祈る人は多いが、正義のために怒りつつ祈る人は稀であるらしい。現代には、怒りの対象がたくさんあるはずなのに、純粋の怒りはかえって失われているように思われる。批判とは怒りである。批判はたしかに山ほどある。しかし説得力がないか、たちまち忘れ去られやすいのは、ジャーナリズムの異常発達からくる平均化の速度のためかもしれない。あるいは、祈りが怒りを忘れたように、怒りは祈りを忘れたためかもしれない。

正義のための怒りは、人間の最高の美徳だ。しかし人間であるかぎり、真に公平であることはむずかしい。虚心であることは至難だ。そういうとき、怒りを純粋ならしめるところに祈りがあるのではないか。怒りを伴わない祈りが微温的な自己満足におちいりやすいように、祈りを伴わない怒りは利己心に堕しやすい。

そもそも怒りの本質とは何だろうか。私は『明断なる精神』だと思う。社会に対しても自他に対しても、明断であるところに生ずる怒りこそ純粋ではないか。そして祈りとは、この場合明断を求める心だといってもいいのではないか。信仰の本質を私はここにみたい。信仰によって盲目にされた人々と、信仰によって明断の精神を得た人々と、この両者を峻別しなければならない。

明断の精神をうることは、苦悩の鎮静を意味しない。逆に苦悩の倍加であり連続である。今まで見えなかったものが、見えてくるという意味で、そこには安心はない。だからこそ祈りは生きてくるのではないか。

　奴隷とは怒りを忘れた人間のことである。それはいついかなる時代にも存在する。自分では決して奴隷と思わない奴隷が存在する。おそろしいのは習慣の力だ。人間はこのものの内部で、いつのまにか適当に身を処してゆくものである。どんな人間でも習慣によって束縛されている。解放のための苦悩よりも、奴隷の状態に甘んじようとする気持ちは誰にでもある。だから習慣打破の先駆者は、まず怒りをもって始めなければならなかった」（大意）

　自分たちの力で世界を改善してゆくために、私たちは怒りをもって歩き始めねばならない。正しい信仰によって明晰な精神を得、祈りつつ、怒りを持たねばならぬ。

　事なかれ主義の精神、怒りを忘れた奴隷化精神は、私たちに何の幸福も真の平和ももたらしはしない。個人のみならず、社会も国家も世界についても、何の改善もなされはしない。ただ習慣と惰性とに押し流されてしまうだけである。破滅の瀬戸際にある私たちにとって、それは最も恐れ、警戒しなければならないところである。

セネカに聞く

　紀元後四年に生まれ、ストア派哲学の第一人者であったといわれるセネカの著書『わが死生観』（三笠書房）には次のように書かれている。すなわち〝老人〟を論じた中に、

「老人の中には、自分の年齢以外には長生きしたことを証明できる証拠を何ひとつ持っていないものをしばしば見かける」

とある。これについて訳者の草柳大蔵氏は次のようなことを書いている。

「私など、このフレーズに接したときは、まさに襟を正し、暮夜ひとり、きまり悪そうに誰もいない書斎の中を見回したものである。いや、私に限らず、三十代の人は三十代なりに、四十代の人は四十代なりに、自分が果たして〝年代〟以外に三十代の、あるいは四十代の、どんなevidence（証拠）を持っているのか、思いをめぐらせてみる必要があるのではないか」（大意）

私はこのフレーズに接したとき、とっさに幾人かの年寄りを思い浮かべ、「そうだ、そうだ、まったくそのとおりだ」と思ったものである。そして草柳氏の指摘に接して、私は急に自分が恥ずかしくなった。すばらしい感性というものは、受け取り方がこうも違うものかと感心したのである。

セネカはこう言っている。

「死に際をよくすることを知ろうとしないものは、立派に生きることはできない。死を恐れるものは、生きている人間にふさわしいことなど何ひとつできないであろう」

至言である。

神について語り合わないと同様に、とくに日本人が死について語ることは、ほとんどない。神について日常、嬉々として語ることがないのと同じように、死について嬉々として語る人はいない。神を語る人を奇異の目で見るように、死について語るときから、必ず目をそらす。

しかしながら、自分の死を見据えぬものの人生は、うわべだけのものである。自分の死を見据えぬものの人生は、逃げ、ごまかしであり、たとえどのように立派な人物とみられていようと、立派なことを言っていようと、真実のものではない。

自分の死を見据えぬものに真実の生はない。自分の死を恐れるものに、真実の人生は決してない。自分の死を逃げることなく、ごまかすことなく、目をそむけることなく見据えるところから、人間のすべては始まる。

真理も真実も、生の意義やその意味も、もののあわれを知ることも、そして〝愛〟も、すべてはそこから始まる。永遠のものに目を向ける心も、そこから生まれる。「死を恐れるものは、生きている人間にふさわしいことなど何ひとつできない」のである。

人間の幸、不幸は死ぬ瞬間に決まる

「生は喜びであり、死は安らぎである」という言葉に接したことがある。バッハであったか、ミケランジェロであったか、あるいは日本の作家の言葉であったか。いま本棚をひっくり返して捜してみても見つけ出せない。

「死は安らぎであり、また喜びである」このような心境にまで達したいものである。なぜならばそれは自分の持てるすべての力、エネルギーを完全に出し尽くして生きた、その後に得られる心境であるし、また完全に真理を把握したものにして初めて持てる心境だからである。

庭野日敬氏の著書には次のようなことが書いてある。

「……人間はみんな名誉欲や儲けたいといったことだけで一生を送っている。それではあまりにもはかないのではないか、と、禅師は皇帝に教えたかったのでしょう。そしてそれは、不確実性の時代といわれる現代にも当てはまる教えのようです。

そこで考えてみたいのは、この世で絶対に確実なものは何かということです。どんなに不確実性の世であろうと、これだけは確実だというものは何か。

それは、私たちが有限な存在であって、いつかは必ず死ぬということです。死は間違いなく誰にも必ずやってきます。ところが人びとは、そのことについてほとんど考えようとしません。しっかり生きるためには、死を見据えることも必要なのです。

日蓮聖人の有名なお言葉に、〝臨終の事を習うて後に他事を習うべし〟とあるのもそのことです。

また、中国の善導（ぜんどう）大師という方は、〝人間はあくせくと衆務をいとなみ、日夜去ることを覚えず〟と言っています。つまり、人はいろいろなことをしているが、肝心な自分の生命が時々刻々とちぢまっていることを知らないでいるというわけです。

私たちも、いちおう人生の最後のことを考えてから、日々の仕事に真剣にとりくむことが大切でしょう。

この不確実性の世にあって最も確実なことは死ぬということなのです」（大意）

復活の愛

自分自身の死を見据え、凝視するとき、愛が復活する。人の死ではなく、自分自身の死を凝視するとき、人間にとって真に「もののあわれ」や人の痛みを痛む、人の苦しみを苦しむ、という真実の愛が生まれるのである。

愛が復活するとき、人は殺し合うことを止め、あるいは戦争を回避したいと考える。そのとき人は生命の大切さ、〈人間の生〉の大切さを知るからである。

セネカの言葉をもう少し拾ってみよう。

▼人はなぜ、他人に見せびらかすための幸福に魅せられ、自分自身で深く味わうための幸福を求めようとしないのであろうか？　人目をひくものや、人々が感嘆しながらお互いに見せ合っているものは、外面はピカピカ輝いてはいても、中身はまったく価値のないものばかりである。

▼一片のパンに不自由しているかどうかが人間の価値にかかわりがあるとは思えない。
▼多数の人の同意を得られることこそ最良の方策である、という考えに基づいて、周囲の人々の言うことに安易に同調して行動すること、すなわち、選択すべき道がいくつかあるときに、理性の物差しによらず模倣の法則に従って行動することほど、トラブルを招き、人生を誤らせるものはない。こうして、破滅へ向かって群れ急ぐ人々の遺骸はうず高く積み上げられていく。
大群衆の中で互いに押し合ったなら、一人が倒れれば必ず他人を道連れにする。前を行くものが倒れれば、あとに続くものがつまずく。自分の前を行く群衆に盲従し、自分の判断よりは他人を頼りにするならば、人々が過去代々にわたって犯してきた過ちを繰り返すほかはない。
▼あなたがたは人の生や死についていろいろ論評を加える。なんらかの功績があって偉人になった人の名前を聞くと、ちょうど小犬が見知らぬ人に出会うとすぐに吠えるように、それらの人に言いがかりをつける。それは、他人が自分より幸福なのは気に入らないし、他人の人徳と自分の短所を見くらべて屈辱を覚えるからである。
あなたがたは、人の輝かしい姿と自分たちの薄汚れた姿をくらべてねたましいと思う。
しかも、ねたみというものが自分にとってどれだけ不利に働くかには気づかない。
▼家庭で、劇場で、大広場（フォーラム）で、たくさんの人々がせかせかと歩き回っているが、私たちはできるだけ落ちついていなければならない。

死を真剣に考えるということは、生と真剣に取り組むことである。生と取り組むにあたって、セネカの言葉はヒントに富んでいるといえよう。噛みしめたいところだ。

Ⅳ　第三次世界大戦を免れうるか

正邪の戦い――霊の面貌

この世の延長上に、霊界が存在する。そして霊界は、この世とともに存在している。神と同じように、私たちの肉眼で見ることはできないが、厳然として存在する。霊界と現界とはガラス張りの手前側と向こう側のようなものである。

仏教では死ぬことを往生(おうじょう)といい、私たちも立派に死んだ人のことを「大往生であった」というが、霊界から見れば往生とは新たに生まれ出たことであり、私たちの住む現界からいえば霊界へと生まれ往くことである。

それは見えるか見えないの違いだけであって、霊界と現界を隔てるものは何もない。まさにガラス張りである。

私たちの目には見えない神が、私たちの一挙手一投足すべてを見通しておられる。神の前においてすべての人間の生きざまはガラス張りなのであって、霊界においてもそれは変わらない。

前出の教祖の著書に、こんなことが書かれている。

「――霊界とは如何なる所であるか。一言にしていえば、意志想念の世界である。それは肉体なる物的障碍（しょうがい）がないからすばらしい自由がある。霊の意志によって如何なる所へでも飛行機よりも早く行ける。

かの神道（しんとう）において、招霊の際『天翻（あまかけ）り国駈（くにかけ）りましまして、これの宮居（みやい）に鎮（しず）まりましませ』という言葉があるが、千里と雖（いえど）も数分否数秒間にして到達するのである。

但（ただ）し霊の行動の遅速（ちそく）は、その階級によるのである。高級霊即（すなわ）ち神格を得た霊ほど速（すみや）かで、最高級の神霊に至っては一秒の何万分の一よりも早く、一瞬にして如何なる遠距離へも達するが、最低級の霊は千里を走るに数十分を要する。それは低級霊ほど汚濁（おだく）が多いから重いためである。

また霊は霊自体の想念によって伸縮自在である。一尺巾ぐらいの仏壇の中にも数百人の祖霊が居並ぶ事ができる。

新しい死霊は霊細胞が濃度であるから人の目に映ずるのである。かのキリストが復活昇天した姿を拝したものは相当あったという事は不思議ではなく、有り得べきはずである。又キリストは天に向かって上昇したという事は高級霊であるからである。

そうして死霊は年月を経るに従い浄化され稀薄（きはく）になるので、目に映じ難くなる。また幽霊は針のような穴からでも出入自在である。

それは肉体なる邪魔物がないからで、かような点だけでみる時、自由主義者の理想境のように思われるが、そうはゆかない。というのは霊界は厳然たる法則があって、自由が制限されるからである。
霊の面貌について一言述べるが、それは想念の通りになる。たとえば消極的、悲観的、孤独的の人は寂しく痩せ衰え孤影悄然たる姿であり、鬼畜の如き想念の持主は鬼の如く、悪魔的の人は悪魔の形相となり、醜悪なる相念は醜悪なる面貌となり、善美なる心の持主はその通りの容貌となるのである。現世においては肉体という外郭によって偽装ができるが、霊界は総てが赤裸々に現れるのである。

――そうして人間は生前に死後の世界在るを信じない人が多いから、死後霊界において安住ができず、生の執着によって浄化不充分のまま再生する。

――右の八衢とは霊界における中間帯である。それは本来霊界の構成はだいたい九段階になっており、天国は三段階、八衢が三段階、地獄が三段階である。死後普通人は八衢人となるが極善のものは直ちに天国へ昇り、極悪のものは直ちに地獄に落ちるのである。それは死の状態によってだいたいの見当がつく。即ち天国や極楽へ往く霊はおよその死期を知り、死に際会して些かの苦痛もなく、近親者を招き一人々々遺言をなし平静常の如き状態で大往生を遂げるのである。それに引き替え地獄往きの霊は死に直面するや、非常な苦悩に喘ぐ、所謂断末魔の苦しみである。また八衢往きの霊は普通の死の苦しみ程度である。

即ち天国往きの霊は些かの苦痛の色なく鮮花色を呈し、生けるが如くである。地獄往きの霊は顔面暗黒色または暗青色を呈し、苦悶の形想を現している」（大意）

この教えでは、死に往くものが今世に執着を持ったり生に執着したり、残されたものが死に往くものに執着をしたり、死んでしまってからも執着し続けることが、最もいけないことであると説いている。

実に、人間にとっては、執着が一番いけないことなのである。死に往った人たちには、現世の私たちが人間としての向上のためあらゆる努力をするのと同じように、霊界においてもやはり修行があるわけである。

本人の生への、あるいは現界への執着や、家族や残されたものの執着が強すぎると、そういった努力や修行が妨げられ、霊界においても一向に向上できないのだ。よって、いつまでも家の周りやそのあたりを、ウロウロとさまよい続けることになる。

そうなると、残されたその家族や、その人を想い続ける人たちも、あまり幸福な結果にはならない。

霊主体従の原則

前述した甘えや依頼に加えて、執着――これらを悪だと気づいている人はあまりいないかもしれない――が、人間にとっては最も悪い障害となる。

現世だけでなく、霊界に往ってまで子孫に迷惑をかける人が、たくさんいる。それは甘え根性を持った人である。現世で悟りを開かなかった人たちである。死というものから目をそむけ、逃げながら生きてきた人たちである。

真理や真実や、本物の信仰というものを学ばなかった人である。年齢ばかりをいただいて、真実生きてこなかった人である。

そういった霊界に在る人たちの状態が、現界へと移写される。もろもろの幸・不幸は、それら霊界にある人の姿といってもよい。すべて霊界が先であり、それが私たちの住む現界へと移写される。霊界が先であり、主であるところから、「霊主体従（れいしゅたいじゅう）の法則」と呼ばれている。

これをまず人間個人からみるならば、その家の不幸・病気や事故や災難は、そういったふうに悟りを持たず死んだたくさんの先祖の姿であろう。同じ因を持った人が縁となり、それら先祖と同じ姿となる。

それを自覚したならば、人の何十倍も努力し、修行し、悟りを開き、その因縁を切ることしか私たちに方法はない。

その自覚がない限り、先祖のそうした因縁を背負い、因縁通りの生涯を送ることになるのである。

因縁とは、性格のことでもある。医学では遺伝と呼ぶが、宗教ではその性格を受け継ぐという。

因縁を切るとは、自分の性格を変えていくことである。受け継いだ悪い性格を矯正することである。その努力をしない限り、病気や事故や災難を背負ったまま、ますます深く重くなる因縁に押しつぶされてしまう。

同じ因（性格）を持ったものである以上、霊界の人を恨んでも仕方がないが、それらを断ち切るためには必死の努力、修行、正しい信仰をもって悟りを開き、自己向上に努めることが必要である。

いつか私たちも、よき先祖とならねばならない。いつか必ず死を迎えねばならないのである。せめて子孫に迷惑をかけないために、子孫に甘えたり、依頼心を持ったり、不幸をもたらすことのないよう、いま少し人生を真剣に生きていくべきなのだ。子孫を守り、子孫の幸福を願い、手助けできるような死に方をすべきである。

わがまま、甘え、依頼、執着などがあっては、それは不可能である。

真剣に真理を求め、真実を求め、真の信仰をもって生きなければ、いつまで経っても、おそらく死の間際まで、それは無理である。

にもかかわらず、これほどもたれ合いの精神と甘え、依頼、わがままがはびこり、自主性を放棄している民族は、おそらく日本だけである。自主性、自己、人間の個別化の確立していない国といえば日本に止めを刺す。

そこで、たとえ肉体的にどれほど打ちのめされていようと、心は自由であることを私たちは知らなければならない。肉体が苦悩・苦痛に打ちのめされていても、心まで打ちのめされ、打ちひしがれてはならないのである。

死の間際まで肉体が苦痛・苦悩にあえいでも、心は、人間の想念は自由なのであり、不安や恐れを抱いてはならない。第一、その必要はまったくないのだ。

キリストは十字架にかけられた。それは人間の目で見るならば最悪の悲惨な死であった。しかし、肉体は悲惨であっても、心・想念だけはあくまでも自由であることを、私たちはキリストに学ぶことができる。

キリストは死の間際、「父よ、彼らをおゆるしください。彼らは何をしているかを知らないのです」、そう自分を十字架につけ殺そうとしている人間のために祈った。

釈迦が八十歳を迎えられたとき、その地方一帯が飢饉（ききん）に見まわれ、比丘たちは各地に分散していた。耐えがたい暑さと湿気。釈迦は食糧不足から馬糧（ばりょう）まで口にすることになって胃腸を壊し、死に瀕するほどの重病にかかってしまった。

「いま、ここで死ぬのは私にとってふさわしくない。もう一度、弟子たちみんなに会い、最後の教訓を残さなければならない」

そう言って危機を乗り越えたものの、釈迦の身体は日に日に衰弱していった。

その頃説かれた教えが、前述の「自灯明、法灯明」である。

「私は、ガタガタになった車のあちこちを皮ひもでしばりつけてやっと動いているようなものだよ」

ユーモアを交え、釈迦は弟子たちにそう言った。

「これがベーサーリーの見おさめである」と言って、分散していた弟子たちを呼び集め、いろいろな村を布教しながら、釈迦はパーバーという町に着いた。

チュンダという信者の家で供養を受けた釈迦は、自分だけに添えられた珍しい栴檀樹(せんだんじゅ)のきのこを食べて、「チュンダよ、このきのこの残りは地中に埋めなさい。ほかの比丘たちに出してはいけないよ」と言った。というのも釈迦はそのために猛烈な腹痛に襲われたからである。釈迦は、ほとばしるような血便に苦しむ。まさに死ぬかと思われる苦痛であった。

もはやピラバストまで生命はもたず、自分の寿命の尽きることを悟った釈迦は、最後の地・クシナーラへと向けて出発する。わずか数キロの道のりの途中、二十五回も休まなければならなかった。そして師は弟子に向かってこう言う。

「阿難よ、チュンダは自分の供養した食事が私の生命を縮めたと思い、どんなに後悔していることだろう。そなたは行ってチュンダにこう告げるがよい。

『チュンダよ。けっして後悔することはない。私が成道(じょうどう)する直前にスジャーターという娘が乳がゆを供養してくれたが、いま私が入滅しようとする際に供養した最後の食事は、それと同じように大きな功徳があるのだ。スジャーターの供養のお陰で私は無上等正覚(むじょうとうしょうがく)（仏の悟り）を得ることができたが、チュンダの供養によって無余涅槃界(むよねはんかい)（肉体さえも残さない完全な平安の世界）に入ることができるのである。このうえない大きな功徳を積んだことになるのだ』

そう私が言ったと伝えて、安心させるがよい」

臨終間近い釈迦は、教えを乞いに来たものと、弟子たちがそれを押しとどめようとして争うのを聞いて、こうも言った。

「阿難よ。スバッダは道を知りたがっているのだ。法を聞きにきたのだ。それを拒んではならない」

そして最後の教え、八正道を説く。それは最初の弟子たちに説かれたと同じ教え、八正道の教えであった（前掲『人生、そのとき』参照）。

肉体と精神とが別のものであること、肉体の苦悩、苦痛に打ちひしがれてはならないこと、心はあくまでも自由であること——キリストと釈迦に私たちは教えられ、力づけられる。

その結果私たちは、亀井勝一郎氏が言うように、「明晰の精神をうること、それは決して苦悩の鎮静（ちんせい）を意味しない。逆に苦悩の倍加であり連続である」ことの意味を理解でき、「だからこそ祈りは生きてくる」と思うに至るのである。

佐治芳彦氏は大本教、出口王仁三郎教祖の言葉を次のように紹介している。

「現界には一定の法則があって、自然はその法則にしたがって整然と動いている。だが、その法則は神が定めたものであるがゆえに、その法則の奥底には神の世界に通底するものがある。

したがって神界、より広く霊界に生起したことは、若干のタイム・ラグ（時間的遅延）こそあれ、必ず現界に生起する、つまり『霊界と現界とは合わせ鏡』というのが、大本の『予言』的中の根拠である。

すべて宇宙は『霊』が本で『体』が末という考え方。ここから霊界がより本質的なものであるから、そこに生起したことは、必ず現界に『移写』されるという論理が導き出される」（『王仁三郎の巨大予言――大本教と霊界物語の秘密』大意）

これが霊主体従の法則と呼ばれるものである。

正神と邪神――この世のすべては、二分されて在(あ)る。正と邪、善と悪、陰と陽、光と闇、清と濁、昼と夜、明と暗

神々にも、正神と邪神とがある。天地創造の神、「主神(すしん)」のほかに、おびただしい数の正神と邪神が存在する。それらいずれかに私たち人間は操られている。

正神は私たち人間に善を勧め、邪神・悪神は私たち人間に悪を勧め、成させる。

正邪いずれかに私たちは操られており、現世は正神と邪神との激しい戦いの場でもある。

人間は、この戦いを免れることはできない。今、まさに邪神活躍の時である。

邪神は恐るべき勢いと、すさまじい力とを持っている。したがって邪神に操られた人間は、

恐るべき力と勢いを与えられているのだ。全人類を破滅に追い込むほどの力を持っているのだ。

邪神に操られた人間が私たち人類を滅ぼし、死滅に追いやることなど簡単なことだ。その力がどれだけのものか、世界の現状を見れば理解できるだろう。

邪神がこれほどの力を持った時代はかつて一度もなかった。これほどの威力を発揮している時代は、歴史上かつて一度もない。この力に打ち負かされたとき、私たちは死に絶えねばならない。

彼らを野放しにし、好き放題にさせているのは、天地創造の神である。それは「主神」の意図、「神意」である。

私たちはその中でうごめくうちに選別される。厳選される。試されるのである。どこまで自分を見失わずにいられるか、どこまで勢いに流されず立ち続けていられるか、どこまで正義を守り続けていられるかが試される。

邪が邪の姿をもって私たちの前に現れることはない。すぐにそれとわかる姿で現れることは決してない。

邪は必ず私たちの前に善の顔、善の姿、正義をもって現れる。たとえば、核兵器が人間を殺すための道具とは決して呼ばれないように。〝平和のため〟という名目で核は増産され続けてきた。

人間個々人においても、生半可な善人は、邪の恐るべき力の前にするとひとたまりもない。

中途半端な善人は、善の顔と姿、あくまでも善の心を持つふりをして近づいてくる邪の前で打ちのめされ、たたきのめされてしまう。それに気づいたとき、それは私たちにとって死さえをも意味する。

個人も社会も国も、邪の力で打ちのめされ、滅び去るだろう。生半可な善しか持たなかったがために。

邪と戦うべきものは自分である。自分の心である。自分の心に潜む邪と戦い、自分の心の弱さと戦い、どこまでも正義を求める自己が邪と戦う。

もしそれに破れたとき、日本人としての個人は滅び、世界の中の日本という国は跡形もなく消え失せるだろう。

早い話、世界中で原爆の落とされた国は日本だけである。が、当時と今日では核の脅威は段違いである。

今日の核は数千倍の破壊力を持っている。その核が再び日本に降り注がぬという保証はどこにもない。あの広島・長崎の数千倍の威力を持つ核弾頭が、私たちの上に降り注がぬという保証は、誰にもできはしまい。

経済大国、自由主義勢力の旗頭と浮かれている時ではない。意味もなく笑い転げている時ではないのだ。

嫉妬や恨みや羨望に狂奔している暇など、私たちにありはしない。虚栄や虚勢を張り合っている時間はないのだ。

私たちが真理に目覚めるべき時がきた。真実に目覚めなければならぬ時である。真の信仰をもって、それを求めて生きねばならぬときである。〝愛〟に目覚めねばならぬときなのだ。

自分自身を救うために、また社会や日本の国の存続のため、真の愛に目覚め、愛を携えて生きねばならない。

改心せよ――霊界物語が示す終末像

出口ナオ、出口王仁三郎両教祖は、偉大な霊能者であった。今世紀最大の予言者ともいわれている。両教祖の出会い、そして後に娘婿となった王仁三郎教祖と出口ナオ両教祖によって、明治から大正、昭和初期にかけ、かつて誰一人解き明かしたことのないこの世の真実が明かされ、数々の予言が的中した。

神示はお筆先(ふでさき)と呼ばれるものによって示され続けた。

はるか先を見通す恐るべき予知力を、王仁三郎教祖の『霊界物語』に見ることができる。予知は太古の昔にまで遡り、神霊界、霊界のありさまとこの世の真実があますところなく、くまなく解き明かされた。

その実績によって、いまも今世紀最大の予言者と呼ばれているのである。

多くの教団が、この両教祖の流れを汲み、現在に至っている。たとえば「生長の家」の谷口雅春教祖は王仁三郎教祖の側近の一人であり、『霊界物語』の筆記者でもあったという。

岡田茂吉教祖もその一人だった。岡田師は完全に王仁三郎教祖の流れを汲み、人類救済のため働いた宗教者であった。

出口教祖の大本教は、幾度も厳しい弾圧を受けた。戦後、大本教についての関心はゼロに近かった佐治芳彦氏が、膨大な量に及ぶ『霊界物語』の解釈と、出口ナオ、王仁三郎両教祖の生いたちとからなるその著書『王仁三郎の巨大予言――大本教と霊界物語の秘密』を書くにあたった動機の一つは、

「『古史古伝シリーズ』で竹内文書弾圧の歴史を調べているうち、大本教の弾圧が、陸軍の派閥抗争（統制派対皇道派）での統制派の勝利と明らかに連動した国内思想統制の一環であることを知ったことである。本書では紙数の関係で第二次弾圧についてはは言及できなかったが、弾圧を積極的に推進したのは陸軍の統制派とタイアップした内務省の新官僚だった」（同書、大意）

という。著書の冒頭には、この世の真実のあり方が次のように書かれている。

「――私たちは子どものころから『真実』こそ人生で、社会で、最も大切なものと、それこそ

耳にタコができるほど教えられてきた。だが、だんだん大人になるにつれて、なるほど、『真実』は大切ではあるが、一面、その『真実』ほど恐ろしいものはないということを経験的に悟るようになる。

たとえば男性なら、職場関係の会議で『腹蔵のない意見を』などといわれ、うっかり『腹蔵のない意見』、つまり『真実』を話そうものなら大変だ。自分の首がふっとび、一家たちまち路頭に迷う事態さえ起こりかねないことを知っている。また、女性なら、子どもの学校の父母会やＰＴＡなどで『忌憚のないご意見を』などという司会者の誘いにうっかり乗ったら最後である。そのハネ返りが子どもの内申書にゆくことくらいは、常識として母親なら誰でもわきまえている。

ということは、権力を握っている人びとは、そのたてまえとは裏腹に、本音としては『真実』を好まない。いや、より正しくは真実を嫌っていることを示す。

その権力者とは、何も企業の経営者や学校の教師、地方自治体の公務員とはかぎらない。権力の中でも最大の国家権力にくらべればそれらはそれこそかすんでしまう。

国家権力とそれに癒着しているひとにぎりの支配層にとっては『真実』が暴露されれば、それはたんに利益、不利益といった次元を超えた、つまり権力による支配の非正統性ないし非正当性、いいかえれば、その支配のまやかしさが民衆にさらされる。そして、そのことは、これまでの支配体制の転覆となりかねない危険をさえはらんでいるのだ。つまり、権力の大きさと

『真実』を嫌う度合いとは、見事に比例するのである。

戦前、大本教が二度（大正十年と昭和十年）にわたって弾圧されたのは、この国家権力の、最も嫌う『真実』を世に出そうとしたからであった。創唱者の出口ナオ（一八三六～一九一八）と組織者の出口王仁三郎（一八七一～一九四八）とは、その予言を通じて、この権力の最も嫌う『真実』を、大胆に多くの人びとに語りかけたのである」（同書、大意）

――ちなみに、王仁三郎は、よく「万類」という表現をとった。それは人類をその一、要素として包みこむ生物全体の呼称である。人類が「万物の霊長」などとおごりたかぶってはならない。

人間が神に捨てられる可能性は絶無ではないのだ。これが、王仁三郎の人間に対する基本認識である。

「出口王仁三郎は、ハルマゲドンの惨劇を『霊界物語』にリアルに描いている。それは、神々の争い――戦争が、ついに一つの大陸（彼はその大陸をチャーチワードの仮説「ムー」としている）の消滅（海没）を招いたという（十二巻二十七章）。なおこの戦いは霊界の運命を決する戦いであり、彼はそれを「黄泉比良坂之戦（ヨモツヒラサカノ）」（八巻三十九章以下）とよんでいた」（同書、大意）

右の佐治氏の指摘は、いずれも正鵠（せいこく）を得ている。

大本教とキリスト教

「ムー大陸」海没の悲劇となった「黄泉比良坂之戦（ヨモツヒラサカノタタカイ）」、太平洋の中央、黄泉島（ヨモツ）（ムー大陸）の滅亡の様を、佐治氏の解釈をもとに、超古代にまで遡り、かいま見てみよう。

これらは決しておとぎ話ではなく、一つの文明の終焉の姿である。一瞬にして海底へ沈んだ一つの人類の滅亡を語ることによって、王仁三郎教祖は現代の我々に警告を発する。

「『古事記』によれば地球の修理固成を担当したのはイザナギ、イザナミノミコトである。『古事記』によればイザナギはその頃イザナミの死因をつくった火神カグツチを殺した。カグツチとは、火のエネルギーのシンボルである。そのエネルギーの強大さが、大地母神イザナミの死を招いたことを知ったイザナギは、カグツチを斬った。イザナミは出雲（イズモ）の国と伯伎（ハハキ）の国との境に葬られたとある。（古事記）（略）

つまりイザナミは、浄める精神と曇らす精神の中間地帯（境）に立たされていた、いいかえれば光り輝く神世の美しく楽しき黄金世界と、絶滅の根の国、底の国、地獄の世界との境に立っていたということである。（略）

イザナミは、この明暗の境に葬られたというのは、その境界領域で時機を待っていたということである。彼女——地球の国魂（クニタマ）のイザナミは、いうなればその境界領域で半死半生の状況におかれていた。

一方、イザナギが地球の文明をさんたんたるものに落とし入れたカグツチを十拳（トツカ）の剣で斬ったというのは、戦争でもって物質文明の悪潮流を一掃したという意味である。

だが、このカグツチも、もとをただせばイザナギとイザナミの子である。その子が、その母を殺し、また父に殺されるというフロイトすら考えなかったこの悲劇も大いなる神の経綸なのであろうか。

イザナギの十拳の剣で、カグツチの首を両断したとき、その剣に多くの神々が生まれた。

（略）

いずれもイデオロギーないし武力を意味する過激な神々である。

またカグツチからも多くの神々が生まれた。（略）

『霊界物語』によれば、これらの神々はマツミ＝魔積み、の神であり、やはりイデオロギーや階級、物質至上の、つまり体主霊従の神々だという。

いかに悪しき文明でも、いやしくも一つの文明を破壊するという強行手段をとったのだから、その予後は必ずしも良好とはかぎらない。とにかく騒然とした時代になったことはまちがいないだろう。不平不満も出てくるのは当然である。

そこでイザナギは、イザナミを訪ねるべく黄泉国に出かけた。イザナギは、イザナミと協力してつくった国が未完のままであることを告げて、還ってほしいと彼女に頼んだ。

イザナミはいった。お気持ちはわかります。私も還りたいのですが、すでに黄泉国のものを食べてしまいましたので残念です。しばらく待ってください。黄泉国の神と話しあってみますから。なお、そのとき私のことを視ないでください、といって殿内に入った。

イザナギは待ったが、なかなかイザナミが出てこない。それで、殿内をのぞいて視た。そこには、頭部に大雷、胸には火雷、腹には黒雷、陰部には拆雷、左手には若雷、右手に土雷、左足には鳴雷、右足に伏雷、合計八つの雷神が、ウジのたかっているイザナミの体にまといついていた（雷とは蛇である）」（同書、大意）

出口王仁三郎は『古事記』のこの状況を、次のように解きほぐす。

これは、地球上の霊魂なる大国魂の守護が悪いから、このような結果になったのであり、火の文明＝物質の文明の惨毒のため、世界がほとんど滅亡に瀕した。

イザナギは「霊」でイザナミは「体」である。この世界は、この「霊」と「体」がうまくバランスがとれていなければならない。

そこで、「霊」であるイザナギは、黄泉国まで「体」であるイザナミを求めて下ったわけである。

この場合の黄泉国とは、いわゆる死者の国ではない。カグツチのための地獄同様になった世界のことである。

そしてイザナミに自分とともに還ってほしいと頼んだ。もどって、それは、自分のもとにそしていま一度、協力してカグツチ以前のもとの文明を再建しようと申し入れたことである。

だが、イザナギのイザナミ訪問のタイミングはいささかおそかった。そして、このタイミングの遅れが、現界（地球）の運命をけっする黄泉比良坂(ヨモツヒラサカ)の決戦――ハルマゲドン――を招来することとなった。

ハルマゲドンの決戦

このイザナギの訪問に対してイザナミは答えた。「悔(くや)しきかも、速(と)く来まさずて吾(あ)は黄泉戸喫(よもつへぐ)いしつ」。つまり冥府(ヨミ)で飲食したものは、死者の国と絶縁すべきでないという掟がある（ギリシア神話にもある）。だが、イザナミの拒否の理由は、王仁三郎によれば、「残念ですね、もっと速くきて下さればよかったのに。私は黄泉戸喫いしてしまいました。もう少し早く、貴方が御注意なされればここまで地上のすべては腐敗しなかったでありましょうに……残念ですわ……今となってはすっかり汚れ、濁り、腐り切った世の中となってしまって、二進(にっち)も三進(さっち)もいきませんわ」という意味である。

しかし、「地上では神も人もともにみな穢(けが)れきっていることであるから、誠の神である貴方がお出下さって地球の腐敗や破滅を修正して、完全な天国を再建してやろうとおっしゃられるのは恐れ多いことです。せっかくのおことばですから、私も地球を人民の改心によってもとにもどせたらと思います。ですが、一応、黄泉神(ヨモツカミ)と相談してみますから、それまで一寸おまち下さい。だが、中をのぞいてはいけませんよ」とつけ加えた。

黄泉神とは、穢れた世界の神々の支配者のことである。黄泉国にいるからには、この神に一応理非を説き説得してみたいというわけだ。だが、その会談はなかなかまとまらなかった。

そこで、イザナギは、「御角髪(ミミズラ)」に刺してある湯津津間櫛(ユツツマグシ)の男柱(オハシラ)を一個かきとって一火(ヒトツビ)をともして中をのぞきみた。

クシとは奇御魂(クシミタマ)のクシであり、このイザナギの行為は明知でもって事態の真相を照らすことの象徴である。だが、その神の明知で見たら、実態はまさにサンタンたるありさまだった。黄泉国はすっかり腐敗汚染されつくしていた。

しかも穢れの支配者たちと会談するには、彼らと同じく自分を穢れの中に置かなければならない。イザナミの身体の頭にいた大雷とは、支配層が体主霊従の悪魔であり、胸の火雷とは、悪いことを考える上層部の悪魔、腹の黒雷とは、国民の中堅層が悪魔に汚染されていることである。御陰(みほと)の拆雷(さき)とは、生産階級が悪魔に引き裂かれていることを示す。

また左手の若雷、右手の土雷とは、天津神、国津神も未熟な悪魔思想におかされ、また階級対立で軋轢が絶えないことである。左足の鳴雷とは、悪魔思想が軍隊にはびこることで、右足の伏雷とは、伏せている悪魔で民衆に瀰漫している悪魔思想のことである。

つまり、世界中、どこもかしこも、いかなる階級の人びとも醜い悪魔に侵されている状況を、イザナギは、はからずもイザナミの身体にまとっている雷群から目撃した（ちなみに雷が蛇であることは吉野裕子氏の説くとおりである）。

イザナミは、全身全霊を傾けてこれらの醜い悪魔を懸命になって説得していた。その説得の過程をイザナギがかいま見て、その悪魔――雷（蛇）のあまりの醜悪さに恐れをなして逃げ返ろうとしたわけだ。

それに気づいたイザナミは「吾に辱見せつ」と怒り、黄泉醜女にイザナギを追わせた。説得が中断され、失敗に終わっただけでなく、説得中の自分の醜い姿態を見られたことをイザナミは恥じた、そして怒ったのだ。

出口ナオのお筆先はこの間の事情をよく伝えている。つまり、世界が「神が思うたよりも非道い余りの曇りようで、そこら辺りが汚うて、片足踏み込む処も、指一本突く場所もないところまで腐りて居るから、神も手を付けようが無いなれど、神は世界を助けたいのが一心の願いであるから、泥にまみれて人民を助けたさに、世に落ちて苦労艱難を致しておるぞよ」

これがイザナミの置かれた状態だったのである。

ところがイザナギは、それを見て恐ろしくなった。出口王仁三郎によれば、これはイザナギが黄泉国のあまりの醜状にあきれ返ったということであり、逃げ出したとは、これは一筋縄ではいかん、準備を整えて出直して対決し直さなければダメだと考えたうえでの行動だという。つまり、この調子では、肝心のイザナミが、いわば悪魔の捕虜同然であり、到底とり返すことはできないと思ったわけである。

そこで、いったん引き返そうとしたイザナギを、そうはさせじと追撃する悪魔軍団との対決が、黄泉比良坂之戦（ヨモツヒラサカノタタカイ）であり、これは神と悪魔の大決戦——「世界の峠」ともいわれるものである。

この戦の結果、黄泉島（ムー大陸）は太平洋の底に沈んだ。そしてイザナミは海底から救出（解放）されたが、スサノオは主宰神の座を降りた。

そして、イザナギ、イザナミ両神の間の愛情は、この戦争を契機として旧に復さなかったようである。イザナギにも、イザナミにも、それぞれの確信があっての戦争となったのだろうが（イザナミは黄泉大神として、黄泉軍のシンボルとして利用された）、その結果は、太古代文明のシンボルともされる「ムー大陸」海没の悲劇となったと王仁三郎は述べている。

ここで重要なのは、幻のムー大陸の地質学的実在云々ではない。私たちが、私たちの文明がこのまま進行すれば、チャーチワードがイメージしたような、文明の華咲いた一つの大陸（ムー）がその多数の住民もろとも海に沈んで消滅するような大惨事（ハルマゲドン）さえ、十分に起こりうるという、王仁三郎の警告である。

彼は、その大惨事を「戦争」と表現したわけだが、たしかにバーナード・ショーがかつて述べたように、人類（文明）の五大敵、つまり、無知・惨忍・浪費・病気・戦争は、究極的には「戦争」に収斂される。

しかし、人間が第二のカグツチ——核エネルギーの開発に成功して以来、私たちは、ハルマゲドン——第二の黄泉比良坂之戦（ヨモツヒラサカノタタカイ）の危機に直面している。出口ナオが繰り返し述べた「峠」とは、この危機的状況を指すのであろう。

私たちは「火の洗礼」（注・今は火と水の洗礼）——「最後の審判」によって、究極的には救済される可能性が約束されていることを知った。これは私たちに無限の勇気、人生における、ひたむきに、まじめに生きることの意味を与えてくれる。

だが、その前に、私たちは一つの大いなる試練を乗り越えなければならない。それは出口ナオがしばしば「神論」の中で発した警告、つまり私たちは現在、さしかかっている大きな「峠」をいかにして越えるかという問題だ。

この「峠」とは、端的にいえば、現在の文明的状況である。閉塞的状況である。この状況はたしかに私たち人類の歴史において、これまで突破してきた、いくつかの「峠」の中でも見られなかったほどの大きな「峠」であることを否定する人はいないだろう。

もし、私たちのえい知が、この「峠」を越えることに失敗すれば、私たちは、聖書の「ヨハネ黙示録」に記されているハルマゲドンの悲劇を演じかねない。

大本教では、人間――このように誤りやすい人間――を、神業に参加し、地上現界の「司宰者」であると神が指定しているという。そして、この指定に神の人間に対するかぎりない「愛」を認めるのである。

それだけに出口ナオは、この大洪水（大異変）について、

「神を恨(うら)めてくださるな。神は人民その他の万物を、一つなりとも多く助けたいのが神は胸一杯であるぞよ。神の心を推量して万物の長といわるる人民は、早く改心致して下されよ。神急(せ)けるぞよ。後で取返しのならぬ事ありては、神の役（目）が済まぬから、神は飽くまで気をつけたが、もう気の付けようがないぞよ。神残念ぞよ」

というお筆先を出す。

「神急(せ)けるぞよ」のことばが持つ切迫感を私たちは、最大限に現実的に考慮すべきではなかろうか。

キリスト教でも、神は自分の子のように人間を愛しているとしている。神は、たしかに人間を救済したいのである。一人でも多く救済したいと焦慮しているのだ。

きたるべき大洪水（大異変）に「目無堅間(メナシカタマ)の船」に乗船できる予約券を神はすでに発行しているのである。それがまた「神の役（目）」でもあるのだ。もちろん、その代価！　は無料(タダ)である。ただ条件は一つ。

それは「改心」いたすことだけである。

その「改心」とは何か。自然に対する人間の傲慢を放棄することである。言い換えれば、体主霊従（われよし、強いもの勝ち）の文明から霊主体従の文明本来の在り方への復帰である。

このように、人類には「改心あれば」という条件がつけられていること。

これが「大洪水」（世界・文明の破局）の「予言」を「警告」に代えている大本の神の真意である。

出口王仁三郎教祖は私たちに「時」を明かさなかった。それはあくまでも私たちに「改心」を求め「改心」を促すための予言・警告であり、「時」を知らせるためのものではなかった。

それが王仁三郎教祖の意志であり、また神の意図でもあった。

終末の始まり

しかし私たちには、その「時」を知る唯一の方法がある。聖書の中のキリストの言葉である。

「天の国のこの福音が、全世界に宣べ伝えられ、諸国の人々に向かって証明されるとき、そのとき終わりは来る」

二千年前、わずか十二人の使徒から始まったキリストの教え、その福音は、いまや全世界へと広まり、全世界の人々に向かってキリストの福音が宣べ伝えられ、証明されるまさにそのとき、「終わりは来る」のだ。

二千年前、エルサレムの地で、オリーブ山の頂で、「あなたの来臨と世の終わりには、どんなしるしがあるのでしょうか、そういうことがいつ起こるか教えてください」という弟子の質問に、キリストはこう答えた。

「この福音が全世界に宣べ伝えられ、諸国の人々に向かって証明されるとき、そのとき終わりは来る」

おそらく当時の弟子たちの中には、このキリストの言葉を理解できたものはいなかったのではないか。東の果てに日本という小さな島国があるなど、知るものはいなかったろう。そしておそらく他の多くの国々のことについても知られていなかった。

二千年後、〝世界の果て〟の果ての国「日本」にまでキリストの福音が宣べ伝えられようなどと、彼らの中の誰が理解できたろう。彼らは、二千年後に実現するキリストの言葉を、真実理解はしなかった。

二千年の歴史のうち、とくに一五八七年以来日本におけるキリスト教の歴史は、目をおおうばかりの凄惨を極めたものであった。

三百年に及ぶ切支丹迫害。日本の政府によってありとあらゆるキリストを信じるものへの迫害が加えられ、日本への伝道のため上陸した宣教師や司祭が、たくさんのキリスト信者と共に死んで往った。キリストを信じるものすべてが焚刑、虐殺、穴吊り、熱湯の拷問、踏絵の恐怖にさらされ続けたのである。

遠藤周作氏の著書『沈黙』（新潮社）には、その当時のありさまが余すところなく描かれている。

わずか百年前まで、日本におけるキリスト教の歴史はそういうものであった。それらの犠牲の上に、今日の日本のキリスト教は成り立っている。そして今、キリスト教は日本の国に完全に確立した。

キリスト教への迫害は今日、日本の国にはない。キリストの名を知らないものはいない。多くのキリスト教の学校が出現した。

朝夕祈りを唱え、キリストの教えを教え、立派な聖堂を持つ。修道女と呼ばれる人たちがおり、神父がおり、日本の国にキリストの福音は確立した、二千年前のキリストの予言そのままに――。

キリストは、自分と共に歩いた弟子たちの中からペテロを頭（かしら）、後継者と定めた。キリストを主と崇め、キリストの偉大な魂のすべて、精神のすべてを受け継いだ弟子たち。中でも多くの欠点を持ちながらその純朴さ、純粋さゆえにキリストは、ペテロを愛し、ペテロにそのすべてを委ねた。

生きたキリストの精神、魂のそのすべてを注がれ、受け継いだペテロによって、キリスト教会の歩みは始まった。いまバチカンに威容を誇るキリスト教会（カトリック）の歴史は、初代教皇にしてキリストの直弟子、ペテロから始まった。

今日教皇は二百六十五代目に当たる。前教皇（ローマ法王）ヨハネ・パウロ二世は、シモン・ペテロ（ペトルス）から数えて、二百六十四代目に当たるのだ。

一九八一年まで、歴代の法王の中で、日本を訪れた教皇は一人もいなかった。前教皇ヨハネ・パウロ二世が、日本を訪れた初めての教皇である。これは何を意味するか。

世界の隅々にまで、この小さな島の国、日本にまで、キリストの福音が宣べ伝えられ、今完全に、キリストの命令が遂行されたあかしに他ならない。

キリストの二千年前の私たち人類への予言を知らしめるための教会の使命は、いままさに完璧に果たされた。全世界にキリストの福音が宣べ伝えられ、諸国の人々に向かって証明され尽くしたことを意味するのである。

自分の生命をかけ、危険をもかえりみず、ヨハネ・パウロ二世は、世界中を訪問した。歴代法王の誰一人もしなかったことを、ヨハネ・パウロ二世はしたのだ。それは、二千年の教会の歴史を完成するための、仕上げの作業である。

「全世界にキリストの福音が宣べ伝えられ、諸国の人々に向かって証明」されたことを全世界の人々に向かって知らせ、キリストの言葉を成就するための尊い行脚がいま続いているのである。

「この行脚が終わったまさにその時、終わりは来る」とキリストは言う。

「時」は今である。まぎれもなく私たちの生きる「今」である。

もうわずかの時間しか残っていない。「その時」はもう私たちの目の前である。

キリストが再臨するとき

出口王仁三郎教祖は、キリストが日本に再臨すると予言している。

「『火の洗礼』を施すキリストが世界の『東北』（ウシトラの方角つまり日本）に再臨するということは、太古よりの神界の経綸（プログラム）である」と、王仁三郎教祖は言った。

そしてその予言どおり、キリストは日本に顕（あらわ）れた。何をもってそのように断言できるか。

まず、思い出してほしい。キリストの「火の洗礼」そのままに、彼の生まれ落ちたその年、一九四五年七月、人類は初めて核実験に成功し、その誕生の十日目と十三日目、人類が初めて味わう、恐るべき「火の洗礼」が、私たちの頭上、日本の上に降り注いだではないか。

これは「世の終わり」の始めである。「最後の審判」の始まり、人類に対する「終わり」の予告であった。

「火の洗礼」をもって、キリストは日本に顕れた。世界中を焼き払う「火の洗礼」をもって、人類への「最後の審判」を施すための最初の場として、日本が選ばれたのである。

二千年の歴史を経て、キリストは日本に再臨した。

本書が編まれた目的の一つは、そのことを知らしめることである。キリストの再臨を世の人々に、世界中の人々に知らせるために、私は筆を執ったのである。キリストがどこに再臨しようと、それはあまり意味のあることではない。アメリカでもインドでもヨーロッパでも、キリストの再臨は人類にとって、どこの国において実施されてもよいことであった。

それは、「主よ、主よ」という人が天国に往くのではなく、私たちはあくまでも「自灯明」「法灯明」「真理の霊」「聖霊」だけを頼りに生きていかねばならぬからである。

キリストが日本に再臨したと聞いて騒ぐような人は本物ではない。本当の修行ができていない人である。それがキリストのみ心であり、神意でもある。

またそれを頭から信用しない、信じようとしない人も本物ではない。そのような人はもともとキリストの「火の洗礼」も、「最後の審判」も決して信用しようとしない人であろう。

「改心せよ、改心せよ、改心せよ」

神が激しく打ち鳴らす警鐘が、私の耳に鳴り響いている。神の人類への最後の警鐘が、今激しく鳴り響いている。

人間の価値観——ああ、厚顔な日本人

拙宅近くの中学校でまた、一人の生徒を級友が六、七人集団で殴るという事件があった。殴られた生徒は、くも膜下出血を起こし、意識不明の重態のままである。

殴った生徒たちの理由は、「テレビの暴力シーンを観て一度やってみたかった。やればどうなるのか知りたかった。テレビの暴力シーンを本当にやればどうなるか、その結果を見たかった」という、ただそれだけのことであった。

この言い分は数年前、浮浪者を中学生が集団でいじめ続けた横浜の事件を思い出させる。「きたない、目ざわりだ。何の役にも立っていないヤツ、弱いヤツだから殴ってもいいだろう」

加害者となった中学生たちが口にしたのはただそれだけの理由であった。

幾度も言うようだが、それらは大人社会の感化である。尊大で、どこまでも思い上がった人間の仕業。冷酷な、愛のかけらもない、大人社会の投影であり、真実の人間の価値観の喪失から生まれた行動である。

事故で他人の子どもが死んだと聞けば、親の悲しみをわがものとするどころか、「よかったね、おまえでなくて」といい、貧しい身なりをした人がいれば、「しっかり勉強しないとあんなふうになるよ」と子どもに教える。一億総中流意識に浸った中で、心の貧弱な日本人のほとんどが、このような考えを持って生きている。愚かさを言動に振りまきながら厚顔に、無神経を誇りつつ、日本人は堂々と大手を振って生きている。

そのような風潮に毒されていないものの数が、今の日本においては断然少ない。これを価値観の相違と、笑って済ませるわけにはいかない。次代の日本を背負って立つ子どもたちまでを巻き込んだこの風潮に接すると寒々とした気持ちになってくる。

私の町に、ビクターのマークにそっくりの犬を連れた、クズ拾いの老人がいる。いつもリヤカーを引いて、町中で寝ている。

人混みの激しい町中の道路で寝ていることもある。よくこんな騒々しい場所で気持ちよさそうに眠れるものだと、いつも感心させられる。

そのおじさんの連れた犬がまた賢い。見事な忠犬なのである。鎖につながれていたことなど一度もないが、勝手にどこかへ行ってしまうことなどなく、いつもおじさんの横にぴたっとくっついている。

それはもういじらしいほどの忠犬ぶりである。わが家の犬など、首輪をはずそうものなら喜んでどこまでも飛んでいくというのに。

リヤカーの上にはいつも新聞紙が少し載っているだけで、毎日それほど収穫があるようにも思えない。

その老人と町で出会うたび、いつも私は道ばたを行きつ戻りつする。人々が奇異の目で老人と犬を眺めながら必ずよけて通る道を、迷いながら行きつ戻りつする。

今日は自分の財布にいくら入っていたかしら、そんなことを考えながら、老人と犬の周りをウロウロと歩く。勇気がないのである。老人に、というよりも、犬に何かおいしいものでも食べさせてやってほしい、と心底思うのに、それを言い出す勇気がないのである。

こごえるような寒い日、雪が斜めに降りつけて積もった日、今日も彼らは無事に過ごせるだろうか、今年もこの寒さを乗り切れるだろうかといつも老人と犬のことを思い出す。そして春になり、道路に老人と犬を見かけると、ホッとし、うれしい気持ちにさせられる。

先日もその老人が、デパートの真ん前のベンチで寝ていた。犬もしたり顔でベンチの下に座っている。道行く人々は顔をひきつらせ、眉をしかめて避けていく。

無理もない、老人の格好はたしかにひどいものである。そのときだけ、なぜか私は迷わず取って返し、骨なし唐揚げをどっさり買った。

「よけいなことをするな！」とどやされるかもしれないと思いながら、「おじさん、おじさん」と寝ている老人をそっと叩いて起こす。怒鳴られるかもしれない、と内心ビクビクしながら、私はヘッピリ腰であった。犬だけは匂いをかぎつけ、喜んで私にまとわりつく。

老人は、ゆっくりゆっくりと起き上がった。私はわが目を疑った。寝ている姿しか知らず、顔をしっかりと見たのはこのときが初めてである。

私は息をのんで老人の顔を見た。掛け値なしに、これほど立派な顔だちを、今まで私は見たことがない。

神か、キリストか、出口翁の再来か。キツネにつままれた思いで立ち尽くしたまま、私は老人の顔を眺めた。

「ありがとうございます、ありがとうございます」

そう言いながら、老人は白髪の頭を三度深く下げた。

「ワンちゃんに、これを食べさせてください」

そう言うのが精いっぱいだった。キツネにつままれた思いのまま歩き出し、歩きながらもずーっと、キツネにつままれた思いであった。

これほど心のこもった深い感謝を受けたのも、今までの生涯において初めてのことであった。私は、小さなことに大きな感謝をする人を、生まれて初めて見たのである。

そういえば昔、ある青年に「いちばん簡単で、一番人間にとって難しいものは何だと思う?」と聞かれ、さあ、何だろうとしばし考えた末に「わからない」と答えたことがある。彼は一言「感謝（カ・ン・シ・ャ）」と言って、にっこりと笑った。

一番簡単で一番難しいもの、それは「感謝」であるという。何十年ぶりかでそれを思い出し、「なるほどな」と初めて得心した。

一つのことに感謝できない人に、神が二つも三つも与えられることはない。つまり、小さなことに喜びを感じ、感謝できない人に、決して大きな喜び、大きな感謝を与えられることはない。

してみれば、この老人と犬は、誰よりも幸福な人である。忌み嫌われようが、眉をしかめ、侮蔑の目を浴びせかけられようが、ボロをまとい、今日の糧に事欠く暮らしであろうが、それらはまったく関わりはない。老人とあの犬は、十分に幸福なのである。

あれほど完全に浮き世から超然として人の目を気にせず、世の中の出来事に一喜一憂することもなく、あれほど悠然と生きていられるということは、その老人を人生の落伍者のように白い目で見る人々に比べ、よほど幸福なのであり、人格的にもすばらしいものを持っているといえるのではないか。小さき魂をないがしろにせぬように、人を見かけや富の有無や、服装の立派さだけで判断せぬ方がよい。

第一、老人とあの犬が神に愛されている証拠に、彼らはちゃんと生きている。家もないのに、嵐や凍てつくような大雪の寒さをかいくぐって、ちゃんと生きている、いや生かされているではないか。立派な服を着、うなるようにお金を持っている人がぜいたく病で死ぬのに、ちゃんと死なずに生きている。

一週間も食べ物がなければ人間は死ぬのである。そんな〝常識〟に支配された私の心配をよそに、老人も犬も、毎年死なずに必ず元気な姿を見せる。彼らは神に生命を与えられ、守られ、生かされているのだ。

楽しい話がある。

十五・六年前に初めて当地でヨガを始め、今では手広く教えている七十歳近い女の先生がいる。いつぞやこの先生と話をする機会があった。ところが会話の中に「会長がね、会長がね」と、どこの会長さんだかわからないが、会長の話がよく出てくる。

私は首をかしげ、「あのー、どちらの会長さんのことですか」と尋ねた。すると先生は、「あら、まだお話ししてなかったかしらね、ホホホホ」と可愛いく笑いながら、説明してくれた。

お弟子さんが多いので、私も知っているものと思われたらしい。

先生の家には真っ白い大型犬の〝ロン〟という犬がいる。このロンちゃんを先生はたいそう可愛がっており、夏でも朝の五時か六時頃には起きて、ロンちゃんを散歩に連れていく。

先生の家のすぐ近くに大きな公園があるが、その公園で毎晩寝泊まりしているのが、例の老人であったのだ。そしてまたあの忠犬がいつも鎖につながれずにいた。ロンと忠犬は大型犬同士、毎朝激しくじゃれ合い、取っ組み合いの喧嘩になりそうになる。

たしかにその広い公園は老人だけのものではないし、町中ではその公園が唯一、犬の散歩に最適の場所である。

「おじさん、ロンとおじさんの犬、毎朝喧嘩になりそうで危なくてしょうがないから、つないでおいてもらえますか」

ある朝先生がそう言ったら「社長！　社長！」と大きな声で老人はその犬を呼んだのだそうである。

「その犬ね、社長っていう名前なの、それでこの近所の人たちはみんなそのおじさんのことを会長って呼んでいるの。社長にアゴで命令する大物会長ってところね。ホホホホ」

はしたないことだが、私は大口を開け、腹を抱えて笑い転げてしまった。こんな楽しい話を一人で胸に秘めておくなどもったいない。会う友人ごとに私はその話をして回った。皆私と同じように腹を抱え、涙を流して楽しんでくれた。

まったくすごい！　この老人、並の人ではない。何もせずそこにいるだけで、人々から「会長」と呼ばれ、わが飼い犬を〝社長〟と呼ぶ。家もなく、リヤカーだけが持ち物らしい持ち物だが、これは並のお方ではない。

第一、彼の周囲には壮大なスケールの夢が漂う。娑婆に生きる私たちには想像もつかない、思いつきもしない、ドデカい夢に包まれている。

それもそのはずであった。悩みも苦しみも執着も煩悩も一切を捨てさせてくれる絶対者、人間として無上の喜びと無上の幸福とを与えてくれる唯一不変のものを感じさせる宇宙の星々を眺めながら、あの果てしのない夜空に抱かれながら毎晩眠っているのだから。

人類滅亡の時——究極の繁栄の後で

人類というものが地球上に誕生して以来、誰一人として見たことのない世界に、今私たちは住んでいる。

過去の人類の誰一人味わったことのない生活を、私たちは味わっている。

栄華を極めた後に滅び去ったという大陸や、国や都市のあること、それらの遺跡のあることを私たちは知っている。

しかし、空に飛行機が飛び交い、新幹線が走り、パソコンやファミコンのテレビゲームで子どもたちが遊び、会社の受付嬢の代わりにロボットが立ち、お客に別のロボットがコーヒーを運び、車が地球上にあふれる、そのような時代はかつて一度もなかった。

こまごまとした日常品、日用品に至るまで、これほどの便利を味わった時代は一度もなかった。このような栄華を、繁栄を永遠に続くと信じ、それを守るために、これほどすさまじい武器、おびただしい量の武器、ついには核兵器を作り出した現代。

それぞれの国が、戦争のため、あるいは自国を守るため、国民を守るためという名目のもとに、恐るべき軍拡競争に明け暮れている。

実際、ＳＤＩや米ソ首脳による軍縮交渉の進展といった事態とウラハラに、兵器開発競争は激烈を極めている。熱も光も出さず、厚さ数十メートルのコンクリートを貫き、それでいて建物には一切の被害はなく、中にいる人間の体内だけを、電子レンジのように一瞬にして焼くという中性子爆弾。

人工的に強くしたペスト菌、コレラ菌、チフス菌、突然変異を起こさせた新種のインフルエンザ・ビールス、マールブルク病（高熱で全身から出血して死ぬ）の病原体などを、目的地の上空で雲のように撒（ま）くという、細菌爆弾。

たとえば、殺虫剤の何百万倍という濃度の化学物質を、ガスまたは微粒子にして降らせ、地上の人間は何がなんだかわからないうちに、ヒクヒク悶（もだ）え狂って虫のように死ぬという、化学毒物兵器、Ｃウェポン。まず神経を冒し、人間を無力化して、なんでも言うことを聞かせるような〝催眠兵器〟も研究されているという。

まだある。中性子とやや似ているが、ガスの分子から電子だけを切り離し、固めて光速で相手にぶつける。相手は数万度の熱で焼かれ、新宿の高層ビルぐらいなら、一分か二分でジューッと消え去る。

むろん目には見えず、中性子や細菌以上に「すべてを絶滅」する力を持っているという光線兵器。

これらの兵器を紹介した作家・五島勉氏は、次のようなことを言う。

「『大予言』の初巻を書いた日から十三年が経つが、当時は米ソ合わせて、人類ぜんぶを十回滅ぼせる核があるだけだった。
いまはそれが少なくとも六十回分にふえている。かりに米ソが交渉して核を半分減らしても、まだ三十回滅ぼせる。
しかも核を持つ国の数も、米ソ中英仏インドをはじめ、未確認のパキスタンやリビア、イスラエル、シリアなどを加えれば、十ヵ国以上にふえた。（引用者注・今では未確認ではなくなった）
その中身も、人間の外見は変えず、体内だけ一瞬にコンガリ焼き上げる高中性子爆弾だの、広島型の二、〇〇〇倍の破壊力を持つスーパーコバルト弾頭だのという、コワすぎて笑い出し

たくなるようなものができている」（大意）

こう指摘されると、コワすぎて私なども笑い出してしまう。

この世に作られた兵器、武器のうち、今まで、実際に使われなかったものは何一つない。作られた兵器、武器はすべて、試され、使用されてきた。原爆もその一つである。

もしあのとき人間に「改心」というものがあったなら、今日のありさまはなかったろう。もしあのとき人類に「改心」のかけらでもあったなら、今のように人類が好き勝手にふるまう雑然たる世界はない。

「火の洗礼」の準備は整った。王仁三郎教祖は、「ヨハネは水の洗礼をなし、キリストは火の洗礼をなす」と言った。今回は、火と水の両方である。

「火と水の洗礼」の準備、キリストの「最後の審判」の準備は、すでに整えられた。後は審判を待つだけである。そのためにキリストは再臨した。この世の悪を火でもって焼き払い、水で洗い流すために。地球を火と水でもって浄めるために、キリストは再臨した。いよいよ「最後の審判」のときである。今、そのときが来た。

ノアの方舟に乗るのは誰か

「ノアの大洪水」という有名な話がある。今までこれは単なる伝説とされていたが、全世界の自然科学者の長年にわたる研究・調査の結果、今では歴史上のことであることがはっきりしている。

キリストはこう言っている。

「洪水の前、ノアが方舟に入るその日まで、人々は飲み、食い、めとり、とつぎなどし、洪水が来てすべてを亡ぼすまで何も知らなかった」

聖書の創世記にはまた次のように記されている。

「大いなる淵の源はすべて破られ、天の窓が開け放たれ、雨は四十日四十夜、地に降り注いだ。洪水は四十日の間地上にあり、水は増して方舟を浮かべ、方舟は高いところに上がった。

水は大いに増え、地上に漲り、方舟は水に漂った。

天の下の高い高い山々までことごとく水に覆われ、すべての生物は地上からぬぐい去られ、滅び去った」

これらの異変を、神はただノアとその家族たちだけにしか知らされなかった。（筆者注・今回は、私の著書『預言の書』を読んでもらわねばならない。どうなるか知りたければできれば『神からの伝言』も読んでほしい）

ノア兄弟が声を大にして民衆に告げ、多くの民衆に警告を発したが、信じるものはおらず、数年かかってようやく六人が信じたにとどまる。その他の人間、動物、地上にある生物すべてが死に絶えたという話は周知のとおりである。

ノアの生きた時代は、数万年以前の時代であろうといわれている。ノア兄弟とわずか数名のものだけが生き残り、それが現在の白人の祖であるといわれている。

「水の洗礼」を受けたノア兄弟の時代が、どのような生活をし、どのような文明の時代であったのか知る由もないが、現代の文明のありようほどひどくはなかったのではないか。

ノアの方舟を参考にするならば、数千年、あるいは数万年に一度、人類は原始に帰るのではなかろうか。（筆者注・このたびは、原始に帰るだけではおさまらない。そのためにイエス・キリストが再臨した）

すべてが滅び、わずかの人間だけが生き残り（筆者注・へ理屈を言うようだが誰も生き残らない）、そこからまた新しく人類が出発する（筆者注・人類はいなくなるから出発しない。自分で書いておきながら、申し訳ないが、二十六年の間にそう変わった。改心なき人間のせいで）。それからまた数千年、数万年が経って、歴史は繰り返す（筆者注・歴史は繰り返さない。歴史はもうなくなる）。人間にとっては気の遠くなるようなこの長い年月も、神にとっては「一瞬の時」でしかない。

神にとってはほんの「目ばたき」、一瞬の時間でしかない。

V　真の愛だけが破滅を救う

インドのある少年の話――死にゆく人の言葉

いつも一人でコーヒーを飲みに行く喫茶店で、そこに置いてあった雑誌を私はめくっていた。ユニセフ親善大使としてインド南部のマドラスを訪問した黒柳徹子さんと現地の子どもたちの交流の様子が、大きな写真入りで特集されている。そこに描写されているのは、目を覆いたくなるような悲しい現実である。

アフリカのタンザニア、ニジェールに続いて、三度目の訪問先にインドを選んだ理由について、アフリカ全土で一年間に死んでいく子どもは四百三十万人だけれど、インド一国でこれに近い四百万人の子どもが死んでいると聞いて、実状をこの目で確かめたかったからだ、と黒柳さんは言っていた。

見開きページに、骨と皮だけにやせ細った十二、三歳ぐらいと思われる少年の写真が大きく載っている。もうほとんど目を開ける力もないように、ベッドに横たわっていた。破傷風にかかり、明日をも知れぬ生命なのだそうである。

黒柳さんはベッドの横にひざまずき、その骨と皮にやせたその子の手を握り、今にも泣きそうな顔で、その男の子の頭を撫でている。

死の床で必死に口を開き、懸命にその子は何事かを黒柳さんにつぶやいたという。通訳からその言葉を聞かされたとき、黒柳さんは思わず涙ぐんだ、と書かれている。

「あなたに神のお恵みがありますように」――それが彼の、最期の言葉だった。

そこまで読み進んだとき、私の目からどっと涙があふれ出た。流れ出て止まらぬ涙をこぶしでぬぐっている私を見て、周りのお客は〝変なやつ〟と思ったことだろう。いつも隅に座るくせがあるが、いくら隅っこに座ったところで、狭い喫茶店の中である。

しかしいくら笑われようが、そんなことをかまってはいられない。私は感動した。これが感動せずにいられようか。今もこの言葉を書いていて、涙がワーッと出てきた。

この少年が天国に往かずして、誰に往く資格があるだろうか。この少年は必ず天国へ往く。

そもそも誰も彼も、死んだ人は必ず天国へ往ったというのは、この世に残されたものの思い込みであろう。「天国から私たちを見守ってください」とか「天国に召されたあなた」とか、「あなた、天国はどんな所ですか」とか、地獄に往っているかもしれない死者に「天国、天国」と囃したてるとは、おめでたい限りである。

一般に、日本人の死生観は甘い。大甘である。先日も新聞紙面でこんな記事を見かけた。

「祖母は死にたくない、死にたくないと、もう周りがどうしてあげようもないほど最後まで必死の形相をして『死にたくない』を繰り返しながら死んでいった。それはもう、周りのものを打ちのめさずにはおかぬほどの生への執着であった。しかし、やっと楽になれたおばあちゃん、天国に往ったおばあちゃん――云々」

天国へなど往くものか。馬鹿なことを言わないでほしい。天国とは、そんな甘いものが往けるところではない。冷静に考えればどこへ往くかわかり切ったものを「天国、天国」と高望みする。いい加減にしてほしい。

日本人のこの甘さに比べれば、死の間際に「あなたに神のお恵みがありますように」と祈った少年の死に際の、なんと豊かなことか。しかも十二、三歳の少年の最期なのである。これが感動でなくて何であろう。

もう一人のマザー・テレサ

私が住む福岡県久留米市のA寺に、今年七十七歳になる老婦人がいる。近所の人々が気安く、「おばあちゃん、おばあちゃん」と呼ぶ人気者だ。

山脇上人との出会い以来、私はA寺に足繁く通い、老婦人の部屋に上がり込んでは、時の経つのも忘れて話し込むことが多い。

私だけではない。訪れる人は誰も彼も、夜の更けるのも忘れ、老婦人の話を聞かせてもらう。お寺であるからいろいろな人が訪れてくるのだが、意気消沈した人が帰りにはしゃんとなり、胸を張って、来たときとはまったく違う力強い足取りで帰ってゆく。乱暴なもの言いをしていた人が、そのうち正座をし、敬語を使い出す。

温かい人である。これほど深く真理を把握した人を、私は知らない。高き精神の人のみが持つ、大愚の実践者でもある。

苦しみを糧（かて）とし、信仰に基づいてそれらを克服してきた人の話には、力強さがある。説得力がある。さらに、死ぬまで学ぼうとする姿勢を持った人は、限りなく謙虚である。

この老婦人には、甘えというものが一切見当たらない。慈悲の人であり、多くの人を受け入れ、その心は常に禅定（ぜんじょう）であり、よその人の心を落ち着ける。

明るい笑顔が安らぎを与え、愚鈍の人であるゆえに親しまれる。そんな婦人の中に、底知れぬ自分自身への厳しさを感じる。

しかしそれは、みじんも外には出ない。おそらく多くの人々が、やさしいおばあちゃん、親切でいつも明るく温かく迎え入れてくれるおばあちゃん、力強く元気を与えてくれるおばあちゃんとしか思わず、彼女の自らへの厳しさに気づいていないだろう。

外に表れないそうしたおばあちゃんの生き方の中に、圧倒されるほどの持戒（じかい）の精神の大きさを私は見る。

この老婦人を見ていると、人間への愛と厳しさは正比例の関係にあるような気がしてならない。やさしさが、強い人にしか望めないように、真の自己への厳しさを持った人しか真の愛を持ちえないということが、よくわかるのだ。

彼女の七十七年間に及ぶさまざまな体験やエピソードは、聞くものにとって実に楽しく、そしてためになる。さまざまな話の中から必ず得るものがある。私にしたところで、自宅へ帰ってからもその言葉が頭の中に残り続け、いつもそれらの言葉の一つひとつを、私はゆっくりと噛みしめる。

会うたびに、いつもそうである。老婦人の話は、しっかりと私の頭の中に残り続けている。不思議なことだ。

彼女は毎月日を決めて、たくさんの身寄りのない人々を訪れている。自らも足があまり丈夫ではないが、そしてたくさんの人が自宅にやってくるのだが、そうした環境をかいくぐって、老婦人は、自分の家に来る力のない身寄りのない大勢の人たちのところを一軒一軒、毎月必ず訪ねていく。

みな、彼女の来る日を唯一の楽しみとして心待ちにしている。

普段は訪れるもののない、体の弱った孤独なお年寄りたちの家を、七十七歳の〝おばあちゃん〟が訪ねていくのである。

そしてそれらの人々の話を、一所懸命おばあちゃんは話していた。

「死ぬ前に、一度でも生きていてよかった、生きてきてよかった、生まれてきてよかった、そんな思いを味わわせてあげたいの」

私はおばあちゃんが出してくださった茶菓子を、それらの話を聞きながら食べていた。はじかれたように私は顔を上げた。

真剣なおばあちゃんの顔がそこにあった。私はカステラを食べ止め、穴のあくほどおばあちゃんの顔をまじまじと眺めた。

マザー・テレサだ。久留米のマザー・テレサだ！　そう私は思った。

「一度でも生きていてよかった、生きてきてよかった、生まれてきてよかった、そんな思いを死ぬ前に一度でも味わわせてあげたい」――それはまさに、カルカッタ（コルカタ）の聖女、マザー・テレサの言葉である。ここにもう一人のマザーがいる！

幸福と無縁に生きている人は多い。何のためにこの世に生まれてきたのか、そう自問しながら悲しみに満ちて生きた人々を、死の数時間、数日前、〝死を待つ人の家〟に連れ帰り、髪をとかし、身体を清めてやり、名前と宗教を尋ね、人生の最後に「生きていてよかった」と感じさせる――そんな愛に包まれた温かい看護を、七十歳をはるかに超えたマザー・テレサが、今もインドのカルカッタで続けている（その後、一九九七年に死亡）。

人々は、「なぜ、死ぬに決まっている人に、限りある医療を使うのですか、生き返る見込みのある人をこそ世話をし、その人たちのために医療を使うべきではありませんか」とマザーに問うたそうである。そんなとき、マザー・テレサは静かにこう答える。

「人間にとっては生きることも大切ですが、死ぬことはもっと大切です。そして、よく死ぬことは、一番大切なことです」

悲しみに満ちて生きてきた人々は、マザーの腕の中で一言、「ありがとう」と言い残して死んで往くそうである。

自分の死後の心配をするお年寄りに、もう一人のマザー・テレサは力強く言う。

「あなたのお葬式は、立派に私が出してあげる、何一つ心配することはないよ」

その言葉どおり、老婦人はそれらの人々の遺骨を自分の寺の納骨堂に、大切に納める。彼女に看とられて逝く人々もまた「ありがとう」と言い残すに違いない。

人間の幸・不幸は死ぬときに決まる。死ぬ瞬間に決まるのである。どれほど苦渋に満ちた一生であってもいい。死ぬ瞬間に「ありがとう」といえること。これ以上の幸福な人生はない。

ある日この〝老婦人〟の座右の銘を教えてもらった。

憂き事の　なおこの上につもれかし
　限りある身の　力ためさん

いやなこと、つらいこと、苦しいこと――それらよ、もっともっと自分の上に降りかかってこい。いつかは死ぬ運命にある身だが、それらを自分の成長の糧にして、死を迎えるときまで、自分がどれだけ成長できるか、どれほど大きな人間となることができるか、その自分の力を試してみたいから、自分を鍛えるために、多くの災難よ、降ってこい、というような意味である。

おばあちゃんの自作の歌を、一つ、二つ。

人生の舞台に立ちて踊る人
歌い泣く人　さまざまな人

一人来て、一人去り行く世なりせば
佛と二人　連れと思いて

人は人　己は己人の道
誠をつくす　ことぞ美し

それぞれに味わいがあり、彼女の話と重ね合わせるとき、二重にも三重にも意味を持つ歌である。

少女「モモ」の話——時間泥棒と少女

ドイツの児童文学作家、ミヒャエル・エンデ氏の著書に『モモ』がある。『モモ』はドイツ児童文学賞を受けた。エンデ氏にとっては二つ目の受賞作品である。ドイツだけでなく全世界で、もちろん日本においても愛読者が多いとされている。

『モモ』を一口で紹介すれば、時間泥棒と、盗まれた時間を人間に取り返してくれた女の子のふしぎな物語、ということになるだろう。別にエンデ氏がこの物語を、日本人向けに書いたわけではなかろうが、この物語はあまりにも今の日本人の状態と酷似している。

先ごろ来日したエンデ氏の言葉を、私たちは噛みしめてみる必要がある。

「日本人全体が神経衰弱一歩手前のような精神状態にあるようだ。その結果、自分たち自身に暴力的になっているようです」

『モモ』の物語にしろ、エンデ氏の言葉にしろ、日本人への警告そのものである。以下に、その理由を示そう。

「モモ」とは、一人の少女の名前である。文明に毒されておらず、現代が失い尽くした真に豊かなもの、真に人間的なもの、真の人間の幸福を持った、愛すべき浮浪児の少女「モモ」を通してエンデ氏は、現代の人間に向けて、静かにどこまでもやさしく、しかしながら痛烈極まる批判を投げかける。

「モモの見かけはたしかにいささか異様で、清潔と身だしなみを重んずる人なら、まゆをひそめかねませんでした。彼女は背がひくく、かなりやせっぽちで、まだ八つぐらいなのか、それとももう十二ぐらいになるのか、けんとうもつきません。生まれてこのかた一度もくしをとおしたことも、はさみを入れたこともなさそうな、くしゃくしゃにもつれたまっ黒なまき毛をしています。目は大きくて、すばらしくうつくしく、やはりまっ黒です。足もおなじ色です。いつもはだしであるいているからです。冬だけはくつをはくこともありますが、でもそのくつも片ちんばで、しかも大きすぎてぶかぶかです。それというのも、モモはどこかで拾うか、人からもらうかしたもの以外には、なんにももっていないからです。スカートは、ありとあらゆる色のつぎぎれをはり合わせたしろもので、かかとまでとどくほどの長さです。その上に古ぼけただぶだぶの男ものの上衣をきて、そで口を折りかえしています。長すぎるぶんを切ってしまうのはいやでした。からだが大きくなることを、ちゃんと考えているからです。それに、こんなにたくさんポケットのついたすてきで実用的な上衣がまた手に入るかどうか、わからないではありませんか。……」(『モモ』大島かおり訳、岩波書店より)

昔の円形劇場の廃墟に、モモは住む。近所の人がやってきて、あれこれモモに聞き出そうとする。

「『そうか。』と、ひとりの男が言いました。『それじゃ、ここが気に入ったんだね？』

『うん。』とモモはこたえました。

『ここにずっといたいんだね？』

『そうしたいの。』

『でも、おまえを待っている人はいないのかね？』

『いない。』

『つまりな、うちに帰らなくてもいいのかってことだよ？』（略）

『いったいどこから来たんだね？』（略）

『おとうさんやおかあさんは？』（略）

『心配しないでいいんだよ。』とその男の人はつづけました。『追い出そうってつもりじゃないんだ。おまえの力になってやりたいんだよ。』

（引用者注・ここで近所からやってきた、やはり貧乏で生活の辛さを身に浸みて知っている、しかし親切な人たちがいろいろとモモに聞く）

『モモという名前だって言ったね？』

『うん。』

『いい名前だね。だがそういう名前は聞いたことがないな。だれにつけてもらったのかい？』

『じぶんでつけたの。』

『じぶんで？』

『じゃ、生まれたのはいつ？』（略）

『わかんない。いくらまえのことを考えても、もうちゃんと生まれたあとのあたししか、思い

出せないわ。』（略）

『ここがあたしのうちだもの。』（略）

『そうか、そうか。でもおまえはまだ子どもだ――いったいいくつだね？』

『百。』と、モモはためらいがちにこたえました。

みんなはどっと笑いました。冗談だと思ったのです。

『まじめにきいてるんだよ、年はいくつ？』

『百二。』（略）

みんなはモモが数をあらわすことばをほんのわずかしか知らないことに気づきました。そのことばも聞きかじりでおぼえただけで、はっきりした数はわかっていないのです。なにしろ、だれにも数をならったことがないのですから。

『いいかい、よくおきき。』（略）『おまえがここにいることを警察に知らせるのはどうかね。そうすれば、おまえは施設に入れてもらえる。そこなら食べるものも寝るところもあるし、読み書きや計算や、まだまだいろいろなことをおしえてもらえる。どう思う、え？』

モモはおびえたように、あいてを見ました。

『いやよ。』（略）『そんなとこ、行きたくない。あたしはそこにいたんだもの。ほかの子もいたわ。窓には格子がはまってるの。毎日ぶたれるのよ――わるいこともしないのに。だからあたし、夜なかにそっと、へいをのりこえて逃げてきたの。またあんなとこに入れられるなんて、

いや。』」（『モモ』本文より）

こうしてモモはずっとその廃墟に住む。

ウソが生む不幸

訳者の言葉に、次のような文章がある。

「モモは、管理された文明社会のわくの中にまだ組みこまれていない人間、現代人が失ってしまったものをまだゆたかに持っている自然のままの人間の、いわばシンボルのような子どもなのです。あいての話をじっと聞くことによって、その人にじぶんじしんを取りもどさせることのできるというふしぎな能力、宇宙の音楽をききとり、星々の声に耳をかたむけることのできる能力を持ったモモは、人間に生きることのほんとうの意味をふたたびさとらせるために、この世に送られてきたのでしょう。（略）

作者のあとがきの中で、謎の人物はこう言っています。『わたしはこの物語を過去に起こったことのように話しましたね。でもそれを将来起こることとしてお話ししてもよかったんですよ。どちらでもそう大きなちがいはありません。』つまりわたしたちにとっては、この物語は過去のものではなく、これからのことなのかもしれないのです。」

訳者は、モモが現実に存在するかのように、「人間に生きることのほんとうの意味をふたたびさとらせるために、この世に送られてきたのでしょう」と言う。ある意味でこれは、訳者自身から現代に生きるものへの、痛烈な反省を求めたメッセージなのではないか。

時間どろぼうに追いたてられ、

「時間節約こそ幸福への道！

きみの生活をゆたかにするために！

時間節約をしてこそ未来がある！」（『モモ』本文より）

時間のかからない新しい文明の利器のよさを強調し、物をたくさん持てる幸福を人々に宣伝し、豊かな暮らしをし、立派な服を着、便利で何不自由ない現代人。

物の豊かさこそ幸福への道であると強調し、灰色の服を着、灰色の車に乗り、灰色の固いぼうしをかぶり、灰色の葉巻を吸い、鉛色の書類かばんを下げ、顔色まで灰そのものの色をした灰色の紳士たちは、それは見事に人々を何の疑いも抱かせないほど上手にたぶらかし、時間貯蓄と称して人々から時間を奪っていく。

人々は物質的に豊かになると共に、それに比例してせかせかと落ちつきをなくし、他人とゆっくり話す時間もなく、人のことなどかまっている時間もなく、子どもとゆっくり遊ぶ時間などほとんどなく、ひたすらけわしくイライラした顔つきでせかせかと動き回る。

高価なおもちゃを与えられた子どもたちは、モモのように空想を働かせてさまざまな楽しい遊びを見つけ出し、あくことを知らず遊ぶ代わりに、空想を働かせる余地のまったくない高価なおもちゃたちのとりこになり、それでいてすぐに退屈し、頭の中は空っぽで、頭の中では何一つ考えてはおらず……。

浮浪児の少女「モモ」は、これら大勢の灰色の紳士たちに挑んでいく。たった一人で、勇気を奮い起こし、捨て身になって、最後にモモは灰色の紳士たちに一人で挑む。

モモの勇気のおかげで人々は時間を取り戻し、昔の平和が人々の中に戻ってくる。そういうお話である。

私がこの本の登場人物の中で、猛烈に好きなのは、道路掃除夫のベッポおじいさんである。

「道路掃除夫ベッポは頭がすこしおかしいんじゃないかと考えている人がおおぜいいるのですが、それというのは、彼はなにかきかれても、ただニコニコと笑うばかりで返事をしないからなのです。彼は質問をじっくりと考えるのです。そしてこたえるまでもないと思うと、だまっています。でもこたえが必要なときには、どうこたえるべきか、時間をかけて考えます。そしてたいていは二時間も、ときにはまる一日考えてから、やおら返事をします。でもそのときにはもちろんあいては、じぶんがなにをきいたかわすれてしまっていますから、ベッポのことばに首をかしげて、おかしなやつだと思ってしまうのです。

でもモモだけはいつまででもベッポの返事を待ちましたし、彼の言うことがよく理解できました。こんなに時間がかかるのは、彼がけっしてまちがったことを言うまいとしているからだと、知っていたからです。彼の考えでは、世の中の不幸というものはすべて、みんながやたらとうそをつくことから生まれている、それもわざとついたうそばかりではない、せっかちすぎたり、正しくものを見きわめずにうっかり口にしたりするうそのせいなのだ、というのです。

（略）

道路の掃除を彼はゆっくりと、でも着実にやりました。ひとあしすすんではひと呼吸し、ひと呼吸ついては、ほうきでひとはきします。（略）

『なあ、モモ、』（略）『とっても長い道路を受けもつことがよくあるんだ。おっそろしく長くて、これじゃとてもやりきれない、こう思ってしまう。』

彼はしばらく口をつぐんで、じっとまえのほうを見ていますが、やがてまたつづけます。

『そこでせかせかと働きだす。どんどんスピードをあげてゆく。ときどき目をあげて見るんだが、いつ見てものこりの道路はちっともへっていない。だからもっとすごいきおいで働きまくる。心配でたまらないんだ。そしてしまいには息が切れて、動けなくなってしまう。こういうやりかたは、いかんのだ。』

ここで彼はしばらく考えこみます。それからやおらさきをつづけます。

『いちどに道路ぜんぶのことを考えてはいかん、わかるかな？　つぎの一歩のことだけ、つぎのひと呼吸のことだけ、つぎのひとはきのことだけを考えるんだ。いつもただつぎのことだけをな。』

またひとやすみして、考えこみ、それから、

『するとたのしくなってくる。これがだいじなんだな、たのしければ、仕事がうまくはかどる。こういうふうにやらにゃあだめなんだ。』

そしてまたまた長い休みをとってから、

『ひょっと気がついたときには、一歩一歩すすんできた道路がぜんぶ終わっとる。どうやってやりとげたかは、じぶんでもわからん。』彼はひとりうなずいて、こうむすびます。『これがだいじなんだ。』」（前掲『モモ』より）

もう一つ、感動を誘われる章がある。「むかしのわしらに会ったよ」というベッポおじいさんの、モノローグに近い語りがある部分だ。

「『そういうべつの時代があったんだ、あのころのことだ、外壁がつくられたころだ――あそこでおおぜいが働いていた――だがな、その中にふたりの人間がいた、そのふたりがあの石をあそこにはめこんだんだ――あれがそのしるしだ、わかるかね？――わしにはそれがわかっ

た。』（略）
『そのふたりは、いまとはちがうすがただった。あのころのふたりはな、ぜんぜんちがっとった。』ここで彼は話を打ちきるように、おこったような声で言いました。『だがわしには、わしらだとわかった――おまえとわしだ。わしにはわかったんだ！』
道路掃除夫ベッポがこんなふうに話すのを聞いて、にやにや笑ったり、あいつは気がふれていると言わんばかりに指でじぶんのひたいをたたいたりする人がいるのも、むりはありません。でもモモはベッポがだいすきでした。そして彼の言ったことばをぜんぶ、心の中にだいじにしまっておきました」（同前）

失礼なことではあるが、私はこの本を寝っ転がって読んでいた。が、「むかしのわしらに会ったよ」というベッポおじいさんの言葉に私は飛び起きた。

後に続くおじいさんの言葉の一つひとつをくい入るように私は正座をして読んだ。心の奥の奥の方からじわじわとゆっくりと喜びがにじみ出してきた。そしてそれはだんだんと大きく私の身体中を包み込んだ。

「昔の私たち」に、私もよく出会うからである。そしてベッポおじいさんがそうであるように、決してそれは人に話してはいけないものだからである。

モモがベッポおじいさんを大好きなように、私はミヒャエル・エンデ氏が大好きである。

愛の復活――ガス室の聖人

コルベ神父の話がある。

今から四十数年前、コルベ神父はポーランドから九州・長崎へやってきた。当時あまりなかった孤児のための施設を作り、出版事業を通じて布教に乗り出したのだが、第二次大戦がだんだんと激しくなり、施設の経営も次第に苦しくなってきた。そこでコルベ神父は施設の経営資金を集めるために祖国ポーランドへ帰ったという。

そこでナチに捕まり、大勢のポーランド人とユダヤ人と共にアウシュビッツ強制収容所に放り込まれた。

アウシュビッツでの生活がどれほどすさまじいものであったか、その人間の極限ともいうべき生活は、自らその体験をしたウィーンの精神分析医、ヴィクトル・フランクルの『夜と霧』という著書の中にくまなく描かれている。

強制収容所の中には、三人の脱走者が出た場合、見せしめのため、逃げなかったものの中から三人を選んで殺す、というシステムがあった。それでも脱走しようとするものは後を断たず、ある日一名の脱走者がつかまって、同舎房の収容者が並ばされ、ナチの将校によって選別された三人に飢餓(きが)死の刑が宣告された。

その中の一人の男は、

「おれには妻もいる、子どももいる！　死にたくない！　死にたくない！　おれは死にたくない！」

と叫び続けた。

選別外の集団にいたコルベ神父はこれを見て静かに歩み寄り、「私が代わりましょう」と申し出た。

「私には妻もいないし、子どももいない。私が代わります」

そして、その男の代わりに飢餓室に送られていった。一滴の水も、一片のパンも与えられず、身動き出来ぬほど狭い房へ放り込まれ、他の脱走者と〝選別されたもの〟はすべて死に絶えた。が、コルベ神父は死ななかった。他の皆が死に絶えた後も、コルベ神父だけは生き続けた。業を煮やしたナチ隊員がコルベ神父に石炭酸の注射をし、そしてコルベ神父は死んだ――。

今、目覚めなければ

昨年であったか、アメリカで航空機が墜落し、氷の浮かんだ冬の海の中に大勢の人が放り出された。自分に投げられる救命具を次々に人に譲り、そして自分は死んで往ったアメリカ人男性がいた。彼が救命具を他人に譲って水中に没するまでの一部始終は、テレビの現場中継画面に映し出された。

数年前には、暴走するバスに乗り合わせた大勢の乗客を救うため、自分の体でバスのタイヤを支えてバスを停め、自分はタイヤの下敷きになって死んでいった運転手さんの話を聞いたことがある。

『夜と霧』の中に、著者ヴィクトル・フランクルが、一日の全食糧である一片のパンをポケットに入れ、それを手でまさぐりながら今これを食べようか、それとも、後までとっておこうか、と毎日頭を悩ます場面がある。一片のパンを食べてしまえばその日一日は、一切食べ物がなくなるからである。水のようなスープ一杯と一片のパンだけが一日の全食料だからである。

毎日朝早くから一日中休む間もなく苛酷な労働を強いられ、フラフラになるのだが、労働に耐えられぬと思われるものは即刻ガス室へ送られる。

骨と皮だけの身体にムチ打って、少しでも元気よく見せるため、また労働に耐え得ぬもの、ひ弱な病人と見られぬために、誰もが道端に落ちているガラスの破片で髭を剃ったそうである。

生か死か、一片の思考さえ奪われた極限状況がそこにあった。

そんなとき、チフス患者が発生した。病人はただちにガス室へ送られ殺される定めである。朝もまだ明けぬ暗い中、強制労働へと駆り出されていく人の中に、その病人の枕元へ自分のパンを置いていった人がいた。

ほんのわずかの人たちではあったが、自分の一日の全食料であるそのパンを病人の枕元に置いていった人々がいた、とフランクルは書いている。

「生命を保とうと努めるものは命を失い、兄弟のため、隣人のため、それを失う者は永遠の命を得る」

キリストの言葉である。キリストはこのようにも言った。

「あなたたちは兄弟である。互いに愛し合え、私があなたたちに命じるのは互いに愛し合うことである。互いに愛し合え、それが私の与える掟である」

キリストが「父」と呼ぶ「神」のみ前において、私たちすべては兄弟である。

もし私たちに救われる方法があるとするならば、私たち一人ひとりの人間の「愛の復活」と、「人間の尊厳」への目覚めしかない。

モモの発想、マザー・テレサの世界、コルベ神父の実践が指し示す「愛の復活」と「人間としての尊厳」への目覚め以外に、個人を、社会を、国家を、世界を、人類を救う道はない。

今、それ以外に救われる道はないのだ。〝今〟を共に生きるものとして、〝今から〟を共に生きるものとして、人類の平和を、真理への目覚めを、そして〝愛〟と人間の〝尊厳〟への目覚めを、そしてお互いの平安を祈りつつ、ひとまずペンを置こう。

あとがき

この本を復刊させようと思い立ったのは、つい最近、この本が古本屋で三千五百円で売られているると教えてくれた二人の若者の話がきっかけであった。

この本のことなど忘れ果てていた私は非常に驚いた。

「生きていたのか！　二十六年前に死んだと思っていたのに、生きていたのか！　しかも三千五百円という高い値までつけられて！」これが私の感想であった。

最近出したばかりの三冊の本のとき、「ぶれがない、ぶれがない」とはよく言われたが、「うーん、何と言ったらいいか、どう表現したらいいか、四半世紀も前の本だというのにこれほど完璧にぶれがないとは、うーん、何と言ったらよいか」、珍しく言葉が見つからない、という様子の担当者のYさん。言葉を探しているYさんを初めてみた。

「編集のTがこれを読んだら、〝ぶれてない‼〟と言いますよ」と言っていた。

「ぶれない」というのだけが、どうも私の取り得らしい。その証拠に、一度も二人から褒められたこともないし、それどころか担当者のYさんは、私が夜も眠れないほどの厳しいことばかり言う。頭に来て、どれだけ今までこのYさんとケンカをしてきたことか。

彼のあまりの厳しい言葉に、どれだけ夜うなされたことか。この担当者、実に厳しい人である。編集のTさんの方がずっとやさしい。言葉のはしばしに、やさしさがかい間見える。

この厳しい担当者Yさんが、今回初めて真剣に言葉をつまらせた。表現の言葉を探しているのがよくわかった。ただその言葉はやはり、「四半世紀も経つのに、これほど完璧にぶれないとは」である。

ただ私は、「厳しさは愛である」という言葉をすっかり忘れていた。この彼の厳しさは、もしかすると「愛」なのかもしれない。

「愛」なのか「意地悪」なのかまったく判断がつかないが、もしかするとこのとてつもない厳しさは、私に対する彼の「愛」なのかもしれない。意外と鋭い私は、たいていのことは即座に判断するが、この人のことだけはどうにも今ひとつよくわからない。

「ぶれない、ぶれない」だけを、ただこれだけを褒め言葉のように言われ続けてきたが、何十年経とうが、四半世紀が経とうが、千年、二千年経とうが、私は決してぶれない。その自信だけはある。ぶれようがないのである。

それはおそらく、間違いなく、私が作家ではないからだと思う。どれだけ書こうが、何十年書き続けようが、死ぬまで無名の、決してプロと呼ばれる作家ではなく、誰からも強要などされず、自由に自分が書くことが好きで書き続けてきた素人（しろうと）の人間だからである。

話は変わるが、ペンを執ったついでに、ここで是非もう少し言っておきたいことがある。

いじめ問題で学校にまで警察の捜査が入る事態となっている。親であれば私も被害者の親とまったく同じことをする。いや、それ以上のことを私はやると思う。

加害者三人の首根っこをつかんで、「おまえたちもここから飛び降りろ!!　私が見ている前で、息子と同じように、このビルから飛び降りろ!!」と叫ぶと思う。

校長と教育委員会の所へ乗り込んでいき、「おまえら地獄へ落ちろ!!」と必ず言いに行く。

何十年も前から言っているが、大人がいじめをやめれば必ず子どものいじめはなくなる。子どもは大人の姿であり、大人のやっていることの投影である。人間の大人が弱肉強食をやめれば、動物界での弱肉強食はなくなる。

いじめられる側にも原因がある、と言う人がいるが、私はそうは思わない。ある進学校の男性教師が他の教師たちの陰湿な、執拗ないじめに遭い自殺した。生徒たちの間に、それはもう大きな衝撃が走った。

高校生でもあり、自分のことのように皆生徒は暗くなり、心を傷つけ、静かなる絶望のようなものを感じ、皆暗く沈んでいった。

原因など何もない。そこにその人が、子どもであれ大人であれ、存在している、というただそれだけで、いじめるものはその人たちをいじめる。いじめられる原因など何もありはしない。

もう今までに何人の中学生がいじめで自殺したかわからない。

これをいえば、私は日本国中を敵に回すことになるかもしれない。かもしれないではなくて、なるだろう。しかし、私は言う。

「中学生のくせに自殺などするな!! まだ生まれて十数年しか経たぬものが、偉そうに。わかったようなふりをして、生意気に、自殺などするな!! 十三歳の子どものくせに、わかったような顔をして、生意気に、自殺なんかするな!!」

おそらく日本全国から総攻撃をくらうであろう。しかし私は中学生が自殺することなど、たとえどういう事情があるにせよ、ホイホイと、簡単に自ら命を絶つことなど許さない。もう今までに幾人の中学生が十三やそこらの子どもが生意気な自殺を遂げてきたか。

彼らにも原因があるとするならば、子どものくせに、高慢とエゴイズムをすでに身につけているという、本来大人が持っている罪を、もう子どものうちに持っているという恐るべき罪である。やられた行為には同情し、私も親ならば同じことをする。いやもっとすごい激しいことをする。

しかし私はわが子が生き延びる知恵も働かせず、生き延びる必死の努力もせず簡単にホイホイと何の想像力もなく自殺をするようなエゴと高慢しか持たないような子には育てない。動物はすべてのことを教えたのち、わが子を放り出すが、わが子が自殺するような育て方をする動物などただの一匹もいない。

私に言わせれば、十三歳で自殺など、「動物以下」である。中学生で自殺など高慢とエゴと知恵なきもののすることである。もう聞き飽きて、私の嫌いな言葉であるが、「二度とこういうことが起きないように」と親たちは必ずそう言うが、真にそう思うのなら、「子どものくせに自殺なんかするな‼　世の中自分の親に殺されて死ぬ、おまえよりもっと小さな、かわいそうな子どもたちが大勢いるというのに、食べ物がなく餓死する大人がいるというのに、生意気に、子どものくせに自殺なんかするな‼　この馬鹿が‼」と言うべきである。「子どものくせに、生意気に自殺なんかするんじゃない」と言うべきである。それを言わない限り、この世から子どもの自殺はなくならないと思う。

もし裁判で勝って、七千数百万のお金が入ったら、それはどこかへ寄付すべきである。復興の義援金にするのもいい。子どもの命と引き換えに多額の金を平気で自分で持つ親など私は信用しない。そうしないと、死んで後、こっぴどい目に遭う。

久しぶりにペンを執ったら止まらなくなり、本一冊書く勢いで書いていたら、例の担当者のY氏が、「何をやっているんですか！　あとがきですよ！」と目を三角にしている姿が浮かび、ハッと我に返った。

書いても書いても書き足らず、死の間際まで人々に語り続けたいという欲求が私の中にうず巻いている。二〇一二年のロンドンオリンピックを「日本人の馬鹿騒ぎ」と書いていたら、Y氏がぶつぶつと不満そうに何かつぶやいていたが、聞こえないふりをした（本当は聞こえていて、〝馬鹿騒ぎ〟という言葉が気に入らず、そうとは言えず、「書店に並ぶのは二〇一三年なのに……ブッ・ブッ・ブッ」)。私の過激さにはもう慣れていても、オリンピックを「馬鹿騒ぎ」と言うのが許せなかったのだと思う。「どうだ！　当たっているでしょう」そう言われてはずすところが私の根性のなさというか、人の良さというか、気の弱さというか……。

何ややかやいってもこの人とは「運命共同体」である。「いやだ！　いやだ！　三回もクソ馬鹿Yと言われたのに、こんな人と運命を共にするなんて絶対にいやだ!!」とわめいてみても後の祭りである。因にふさわしい縁で因縁であるから「運命共同体」である。私と関わった以上、出版社も「運命共同体」である。日本国中、日本人すべてが「運命共同体」である。「火」と「水」の洗礼は今からである。もはや「東」も「西」も「南」も「北」もない。名残り惜しいがこの辺で止めなければならない。「運命共同体」であるところのY氏が言うように、これは「あとがき」であった。

「ひとまずペンを置こう」で終わって、二十六年もの月日が経ってしまった。

今回は、「この書は『預言の書』へと続く」で終わろう。

著者プロフィール

山下 慶子（やました けいこ）

1945年（昭和20年）、福岡県生まれ。

国立音楽大学器楽科（ピアノ）卒業。

著書に『預言の書』（2011年6月、文芸社刊）、『神への便り』（2011年10月、文芸社刊）、『神からの伝言』（2012年2月、文芸社刊）がある。

愛の黙示録 絶体絶命のあなたを滅びの淵から救う道

2013年2月15日　初版第1刷発行

著　者　山下 慶子
発行者　瓜谷 綱延
発行所　株式会社文芸社
〒160-0022　東京都新宿区新宿1－10－1
電話　03-5369-3060（編集）
03-5369-2299（販売）

印刷所　神谷印刷株式会社

ISBN978-4-286-13316-4